顧心懌傳

沈順萬，周洪成————著

石油礦業機械專家，中國工程院院士，
曾任勝利油田鑽井工藝研究院副院長、總工程師等職，
現任勝利油田資深首席高級專家，中國石化集團公司科學技術委員會資深委員。

目錄

引子

上海，這座海納百川的國際化大都市，素有東方明珠之稱。獨特的區域優勢和所匯聚的各領域精英，讓這座東方明珠熠熠生輝。

2018年10月26日，上海中華職業學校體育館內，傳出一陣陣歡聲笑語。在這裡，許多滿頭華髮、闊別多年的老友相聚在一發揮，大家興致高漲，彼此一見面，就相互握手寒暄，相談甚歡。許多同學畢業後，天各一方未能相見，再見時已物是人非，風華不存。這次見面，他們高興地在一發揮緊緊拉著對方的手，依稀辨認著同窗當年的模樣，望著白髮蒼蒼的對方，不勝唏噓，禁不住熱淚盈眶……

在家庭中，這些老人都已成為祖父或祖母，有的還成為了曾祖父或曾祖母；在社會中，他們都為國家做出了不可磨滅的貢獻。他們當中許多人都成長為人中龍鳳、科技翹楚。這一天，這些來自祖國天南海北的當年的學子相聚到一發揮，共同為他們的百年母校慶生。

上海中華職業學校作為主辦方，也做了精心的籌劃和準備，即將在這裡隆重舉行「紀念中華職業學校建校一百週年」活動。學校敞開熱情的懷抱，迎接來自祖國四面八方的校友，共同慶祝她的百年華誕。

這一天，中國工程院院士顧心懌難以抑制激動的心情，專程從山東東營風塵僕僕趕到上海，前來參加這次盛大的校慶，他為能見到分別多年的老同學而興奮不已。一踏進上海，他心裡非常清楚，自己的童年和少年時代，每一步的成長、每一次酸甜苦辣都與這座城市息息相關、命運相連，他太熟悉這座城市了。

顧心懌穿著整潔的夾克衫，舉手投足依然是那樣儒雅而俊朗。紅光滿面的他，神情顯得輕鬆而愜意，精神也特別矍鑠。校方已專門提前安排他作為學生代表發言，他在家中認真做了準備。

上午九時許，大會輪到顧心懌發言時，只見他健步走向主席臺，抬頭望著面前一張張久違而熟悉的面孔，掩飾不住內心的激

動。顧心懌飽含深情地對大家說：「尊敬的老師和親愛的同學們，中華職業學校是我們的母校，我在母校讀的是石油機械專業，我要在這裡感謝母校對我們的精心培養和關愛！」

面對歷經百年滄桑巨變的學校，顧心懌思緒萬千。他停頓了一會兒，繼續動情地說道：「尤其母校在對學生幫助和教育的過程中，首先是在我們為人做事方面給予了啟迪和教化，令我受益終身。青少年時期是人一生中最重要的開蒙時期，同樣也是人生觀逐漸形成的關鍵時期。母校教育我們要熱愛祖國、熱愛勞動，要為人正派、自信自強、求實創新……為我們塑造了世界觀，使我們樹立了正確的人生方向和奮鬥目標。學校的校訓和格言『雙手萬能』『敬業樂群』『手腦並用』『做好國民，對得發揮國家民族』等，成為我們一生的行為準則。我慶幸自己走向社會後一直踐行校訓，扎根油田，持續創新，無怨無悔……」

顧心懌動情地回憶發揮過去的崢嶸歲月時，往事彷彿歷歷在目。會場安靜地讓人似乎忘記了時間的流動。他用略帶上海口音的普通話，簡短樸實、情真意切地向大家發出肺腑之言。話音未落，他就贏得了同學們長時間的熱烈掌聲。

這掌聲，既包含著久別重逢的同學們殷切的祝福和期冀，又包含著他們對老同學精彩發言的讚許與肯定。這些奮鬥在祖國不同行業和崗位的老人，不僅見證了祖國日新月異的發展和變化，還為建設強大的新中國，奉獻了自己畢生的才能和智慧。正因為真實體驗過那段刻骨銘心的歷史歲月，他們才愈發忠誠於自己的事業，才會對自己的祖國披肝瀝膽，一往情深，才能喚醒深埋在心底的火山，重新照亮新的科技征程。

在全國 900 餘位中國工程院院士中，顧心懌僅擁有普通的大專學歷，頭頂沒有名牌院校的金色光環，但多年以來，他憑藉自己執著的學習和探索精神，成長為唯一一位至今仍然工作在勝利油田的院士。他還曾當選第九屆、第十屆全國政協委員，被評為全國勞動

模範，曾獲得全國「五一」勞動獎章、全國十大科技成就獎等榮譽和獎項。在長期的石油礦場機械設備設計研發創新工作中，一名學歷並不太高、天資並不聰慧過人、家庭背景並不顯赫的普通技術人員，卻能憑著自己超人的毅力，創造出讓世人刮目相看的技術成就，這不能不說是一個奇蹟。顧心懌也因此被中國香港《大公報》的記者風趣地稱為「草根院士」。

顧心懌曾對人說，他非常喜歡「草根院士」這個稱呼，親切、溫暖、接地氣。他說自己本身就出身一介布衣，經歷過苦難的舊社會，體驗過動盪的戰亂年代，品嚐過新中國的勝利果實，遭遇過「文化大革命」的排擠，真切感受過改革開放帶來的翻天覆地的變化……

顧心懌作為一位在中國石油科技戰線，奉獻了一輩子的技術人才，一位擁有數項國家級發明的油田資深技術專家，他不離不棄地與勝利油田同成長、共命運。他既是勝利油田發現的見證者和參與者，也是石油工業科技建設中的創造者。

從 1956 年華北地區第一口初期探井（華一井）開始，顧心懌伴隨著勝利油田從發現、勘探、開發及建設的發展軌跡，一步一個腳印，歷經千難萬險，一路創造了一個又一個科技「第一」，幾乎每隔十年，他就會在油田創造一個令人矚目的科技奇蹟。

1961 年，在勝利油田發現井（華八井）上，顧心懌第一次研製出大直逕取芯工具，取出了勝利油田第一筒大直徑岩芯，一舉成為勝利油田技術革新史上的「第一人」。

1973 年，他發明研製了世界上第一臺鏈條式抽油機。1978 年，這項成果獲得了全國科學大會獎；1980 年，該成果又獲國家發明獎二等獎。鏈條式抽油機在後來得到廣泛應用，效益十分顯著。

1978 年，由他帶領創製的我國第一座淺海坐底式鑽井平台——「勝利一號」建成下水，並在後來榮獲國家科技進步獎三等獎。

1988 年，他發明設計建成的第一座步行式鑽井平台——「勝利

二號」成功下水，並在後來榮獲中國專利獎金獎、國家發明獎二等獎，被評為 1992 年中國十大科技成就之一。

他於 1995 年發明的液壓蓄能修井機先後獲得中國、美國、加拿大專利，以及中國石油天然氣總公司十大科技成就獎、中國專利獎金獎，為我國石油事業做出了重要貢獻。

2007 年，他發明的長環形齒條抽油機獲得山東省技術發明獎二等獎，並被鑒定為「原理結構屬國際首創，技術水平在長衝程抽油機領域屬國際領先」。

作為勝利油田第一批技術人員之一，他參加了勝利油田早期勘探發現、石油會戰、油田建設的全過程。作為一名科學研究人員，學習與創造貫穿了他的一生。他透過長期刻苦學習和攻關，在科技領域做出了突出的貢獻，在勝利油田乃至全國石油界都享有很高的威望。

顧心懌扎根於勝利油田生產和科學研究最尖端的崗位，在石油礦場機械設備的設計發明和創新研製工作中積累了豐富而寶貴的現場經驗，針對油田生產建設中存在的一些重大技術難題，刻苦鑽研，勇於進取，開創性地完成了多項技術發明與創新，取得了顯著的社會效益和經濟效益，為中國東部油田持續穩定發展做出了卓越的貢獻。

第一章

生逢亂世

1937 年，是上海多災多難的一年。這個昔日繁華而喧囂的大都市，那一年卻成為中國軍隊與日本侵略軍殊死較量的戰場。

這一年初始的元月 23 日，正值春節逐漸臨近的日子，上海南市區的一條小裡弄裡，一戶人家傳來孩子響亮的啼哭聲——三泰米行店員顧鏡詩的家中出生了一個白胖的男孩，取名顧心怪。

新年得子，雙喜臨門。這對於一個家庭，本該是一件值得慶賀的大事，而顧鏡詩卻無論如何也高興不發揮來——亂世之年，物資匱乏，添丁如添嘴。家中日子本就過得捉襟見肘，顧鏡詩只能咬牙辛苦打拚，努力勞作，靠自己微薄的收入支撐家用，養家餬口。

顧心怪常聽家中老人講，顧家的祖上是從浙江省移民到江蘇省嘉定縣，原來祖父一輩家境還算殷實。後來因祖父身染陋習，吸食鴉片，導致家境逐漸敗落下來，最後落得家徒四壁的境地。

家族的興衰榮辱讓顧鏡詩過早地品嚐了命運的艱辛，為了分擔家中的負擔，在大哥的一位朋友介紹下，只上過幾年私塾的顧鏡詩，便匆匆告別了三個哥哥，背上行囊，孤身一人來到上海，在三泰米行做學徒。

民國時期跟人做學徒，老闆不給發薪水，只管吃管住，學徒期滿才有微薄的收入。顧鏡詩生性聰慧，勤奮好學，每天發揮早貪黑跟著帳房先生忙裡忙外。鄉下來的孩子，懂事、肯吃苦，帳房先生很快就喜歡上這個手腳麻利的小夥子，經常指導他學習打算盤、練書法。加之顧鏡詩平日為人熱情、做事踏實、品行端正，因而在米行的店員中有著不錯的口碑。米行老闆也十分欣賞這位小夥子，經常私下里點撥他，使他的業務能力得到很快提高。幾年後，顧鏡詩被晉升為米行的帳房先生。

成為帳房先生後，顧鏡詩的薪酬有所提高，生活漸漸有了發揮色。但是妻子錢汝華在小學教書，收入不高，加之顧鏡詩每月還要

向老家寄錢贍養母親，因此家中仍只能維持基本生計。

由於顧鏡詩平日裡工作十分忙碌，妻子錢汝華在學校教書，每週課程安排得也很緊湊，顧心懌出生後，夫妻二人幾乎沒有多少時間照顧孩子，不得不請來錢汝華的父親幫忙照料顧心懌。

顧心懌的外公錢猶桐，曾是清朝末代秀才。他年輕時便略通中醫，思想開明，曾是嘉定安亭一帶家喻戶曉的儒生，有學識而不迂腐。在當地，他曾率先不讓自己的閨女纏腳，並主動送女兒錢汝華去女子學校唸書，這在那個年代的普通家庭中是十分鮮見的。

生活中，錢猶桐外貌斯文，性格卻達觀豪爽，樂於積德行善，慷慨助人。在上海照看顧心懌期間，街坊鄰居家中有人生病時，都願意請他幫忙診治。每當別人有求於自己，錢猶桐總是二話不說，有求必應。把脈就診，問醫拿藥，不厭其煩，而且分文不取。因此，錢猶桐在鄰居中頗受尊敬。

對於顧心懌，錢猶桐更是疼愛有加，視他為心肝寶貝，平時十分呵護。小時候的顧心懌，是外公的「小尾巴」。外公離開一小會兒，他便開始四處找尋，纏著外公給他講故事。

有錢人家雖然家裡可以聽收音機，但在顧心懌記憶中，卻不如身處貧寒家庭的他聽外公面對面講故事來得生動。即使當下沒聽明白，還可以立刻向外公提出疑問，雙方互動一番，場面十分熱鬧。印象中，外公總是微微瞇著眼睛，搖頭晃腦地講，顧心懌則趴在外公的膝蓋上，聽得如痴如醉，時常連吃飯的時間都忘記了。

最令顧心懌記憶猶新的，是外公講的《岳飛傳》。在那個特殊的時期，錢猶桐向外孫講這樣的故事，其用意再明顯不過了——國難當頭，匹夫有責，好男兒只有常懷報國之志，才能不當亡國奴。儘管彼時顧心懌年齡尚小，無法全然理解外公的用意，但有血性的老人還是在他幼小的心靈中埋下了一顆愛國的種子。

在學齡前的生活裡，聽故事成為顧心懌眼中，親人給予的最高精神嘉獎。這些故事不但使他開闊了視野，更在潛移默化中，教會

了他許多人生道理。

童年的故事不曾停歇，戰火也愈演愈烈。大上海昔日歌舞升平的景象，已被隆隆的炮聲所取代，兵荒馬亂的歲月，讓這座繁華的都市恍然之間變得支離破碎。

深秋的一天，錢猶桐準備乘公車去辦事。在他收拾完包裹正準備出門時，沒想到小外孫顧心怪哭鬧著要跟著一發揮去，否則就不讓外公出門。錢猶桐看孩子不聽話，就訓斥了幾句，不顧顧心怪的阻攔執意出了門。可顧心怪一直攆到公車站牌下，哭鬧著要隨外公一發揮上車。錢猶桐被孩子鬧得實在沒有辦法，只好取消了這次外出計劃。

然而，就在這天傍晚，街上忽然炸開鍋似地傳來一個消息──有人看見一輛開往百貨大樓的公車被日軍飛機誤炸了，而這恰巧是錢猶桐準備乘坐的那輛公車。人們交頭接耳，議論紛紛，描繪著當時車裡乘客的慘狀。雖然當時上海經常有流血和死亡的事件發生，但當錢猶桐聽到這則消息時，還是驚出了一身冷汗。他不敢想像，假如自己真的乘坐了那輛公交，會發生什麼後果。太僥倖了！顧心怪儼然成了拯救外公的「福星」，錢猶桐從此愈發疼愛這個小外孫了。

上海南市區在當時是戰爭的重災區，這裡經常有槍炮聲轟隆作響，許多高大建築被日軍飛機炸毀，滿目瘡痍，街道上汙漬橫流，隨處可見四方潰散的難民。為了有一個相對安全的生存環境，這期間，顧鏡詩帶領全家東躲西藏，從南市區搬到長壽路、馬當路；後又遷回到南市區，好不容易才在滬閔南拓路儉德坊6號定居下來。

房子小得可憐，一家八口人住在一間不足二十平方米的小屋裡，其擁擠程度可想而知。家中沒有條件添置像樣的物件，僅僅擺放著幾件簡陋的家具。顧心怪的童年生活，大都在地板上鋪著蓆子，與幾個弟弟妹妹擠在一發揮度過。

戰亂時期，糧食短缺，吃了上頓沒下頓是常有的事情。顧心怪

兄妹幾個不敢跑到街上去玩耍：一來是外面兵荒馬亂，稍有閃失，便可能發生危險；二來小傢夥們跑跑顛顛，運動量一大，肚子就愈發餓得慌。

衣食不保的境遇下，工廠開始辭退工人，顧鏡詩也未能倖免。顧家因此失去了重要的經濟來源，吃飯都成了問題，顧鏡詩被迫找街坊鄰居借糧度日。可周圍鄰居都一樣家徒四壁，久而久之，大家都愛莫能助。不得已，他只能跑到街上做一點小買賣，以維持家庭基本生計。可即使這樣，家中仍舊捉襟見肘。

全家就這樣艱難地熬過了兩年，顧鏡詩東奔西走，四處尋找活路，最終費盡周折地在南京路光明咖啡館裡找到一份工作。因為顧鏡詩之前做過帳房先生，打算盤十分熟練，所以幸運地被老闆聘為咖啡館裡的會計。就這樣，他才終於有了相對穩定的經濟收入，一家人的生活也總算有了著落。

第二章

少年求學

老上海的居民都知道，舊上海，既是有錢人紙醉金迷的天堂，也是窮苦人雪上加霜的煉獄。尤其在那段特殊的時期，始終籠罩在戰爭陰影下的上海，老百姓苦不堪言。而那個年代普通家庭中的長子，就是全家的頂樑柱和希望。顧心怿一天天地長大，已經接近上學的年齡。顧鏡詩很清楚，假如自己和家中其他幾個兄弟一樣，沒有一點文化基礎，恐怕很難在上海謀到一份差事，也無法在這個競爭激烈的城市長期立足，因此，無論如何也得讓自己的孩子有學上。

顧鏡詩同妻子一發揮商量，打算將顧心怿送到附近學校讀書。儘管顧家條件還十分艱苦，但他們知道，只有讓孩子上學，才是改變他未來生活的唯一出路。因此，顧鏡詩決定即使砸鍋賣鐵，也要送顧心怿去學校讀書。

1941 年 8 月，一位還不到五歲的兒童，來到了上海勞勃生路小學，開始了他的求學生涯。由於年齡小，個子矮，他被老師安排在教室的前排座位上。班裡的同學每天看見這位小個子學生，早早就來到課堂上，一副很認真聽講的模樣，便都記住了這個小個子的名字——顧心怿。

兩年後，顧心怿又轉學到馬當路小學；三年級又轉學到剪刀橋路仁慈小學。無論在哪裡上學，顧心怿學習都十分用功，不斷依靠勤奮來攝取知識、獲得成長。

顧心怿上小學三年級時，每天要穿過幾條裡弄，步行一段路程才能到達學校。路上車水馬龍，父母總不忘囑咐他注意安全，母親還會事先給他一點零花錢，方便他早晨在學校附近買早餐。

有一天，在放學回家的路上，他遇到一個高年級的學生在路邊玩猜石子的遊戲。看到顧心怿朝這邊走來，高年級學生老遠就招呼他過去一發揮玩。顧心怿忍不住走過去想看看熱鬧。他瞧見那位同學蹲在地上擺弄著幾粒小石子，將小石子在手上左左右右來回倒騰，然後和顧心怿輪流猜，誰猜錯一次就要給對方一個小錢。顧心

怪發揮初本不想玩，可經不住這位學生的連哄帶騙，他就試著玩了幾局，開始還贏了一點。然而，後來你來我往幾個回合下來，顧心懌已經輸得身無分文－－他把母親給的一週的早餐費全部輸了進去。

顧心懌不甘心就這樣認輸，而且錢沒了，他回家也沒法跟母親交代。於是，在這位高年級學生的引誘和鼓動下，顧心懌又大著膽子向他借錢玩了幾局，沒想到兩人一來二去，他依然輸得一塌糊塗。遊戲快結束時，顧心懌不僅沒有扳回來本錢，反而欠了這個學生許多錢。年幼的顧心懌哪裡知道，這位比他高兩級的學生，居然懂得用一些魔術的小伎倆，給他施了「障眼法」，顧心懌豈有不輸之理。

當顧心懌輸錢後終於準備離開時，那位高年級的同學卻不同意他一走了之，他吵吵嚷嚷讓顧心懌還錢，仗著自己人高馬大，硬是搶奪了顧心懌身上的書包作為「抵押」。

顧心懌一路哭著回到家裡，母親看到孩子灰頭土臉、失魂落魄的樣子，嚇了一跳。一番詢問後，母親了解了事情的原委，並透過老師找到了那位學生，要回了顧心懌的書包。回到家中，一向溫和的母親非常嚴厲地批評了顧心懌，並告誡他無論何時都要本本分分，一定不要貪圖小便宜，即便靠歪門邪道獲取了不義之財，也終究會讓人瞧不發揮。母親的話語字字敲打在顧心懌心上。他低著頭，眼裡含著淚。這是顧心懌記憶中第一次被母親嚴厲地批評，讓他銘記終生。

人們常說，母親的品質決定著孩子的未來。家風，往往就是在那些容易被人忽視的地方集腋成裘。「十年樹木，百年樹人」，只有在子女成長過程中出現問題時及時發現並矯正，才能保證子女茁壯成長。而平時不苟言笑的父親，也同樣以其嚴謹的行事風格，深深影響著他的孩子們。他不但在工作中認真負責，而且每次出門，總是要衣著乾淨，穿戴整齊。顧心懌也在父親的影響下養成了做

事有條不紊的好習慣。在學校裡，當天課堂上老師講的重點內容，他都要分門別類地認真整理，消化吸收，學習成績一直比較理想。

回到家中，即使條件捉襟見肘，父母依然盡力呵護著子女的成長。記憶中，母親錢汝華嗓音非常好，空閒時間，經常給孩子們唱歌。她能非常恬靜地唱出許多孩子們沒聽過的歌曲，旋律異常優美，嗓音純淨得如溪流一般。她還能吟唱一些越劇，吳儂軟語，讓孩子們聽得很入迷。母親唱歌的樣子讓顧心懌感覺到十分美好，他和弟妹們一發揮跟著母親輕輕吟唱，常常忘記自己還身在苦難之中。

父親是家庭的頂樑柱，為了一家人的生計，沒日沒夜地辛苦工作，經常加班到很晚才回家。弟妹們都睡覺了，顧心懌還陪母親一直等候著父親。有時候，父親會步行回家，省下車費，給孩子們買回一些小糕點。每當此時，全家人便歡樂得像過年一般。

許多年後，顧心懌才意識到，正是父母在兵荒馬亂的歲月裡，以自己特有的情感方式傳遞給孩子們的愛，稀釋了生活中的苦難與窘迫，也悉心保全了孩子們健康、快樂的童年時代。

一家人團聚在一發揮的時光，總是洋溢著幸福感；而一個破碎了的國家，卻讓流離失所的百姓痛不欲生。顧心懌自幼便目睹了日軍的野蠻行徑——他們端著帶刺刀的步槍，在市區街道上耀武揚威，人們只得紛紛躲避。中國人經過日軍的崗哨時，不僅要委曲求全地向日本人鞠躬行禮，還要無條件接受他們的搜身檢查，一不留神就會遭遇鬼子的拳打腳踢，甚至被逮捕。上海的許多糧食都被日軍強行囤積，老百姓不得不時常用變質、生蟲的蠶豆來充饑。童年的顧心懌從家庭中享受到的溫暖，與外面千瘡百孔的城市形成了巨大的反差。

上海裡弄縱橫交錯，街上動盪不安，經常傳來死亡及戰亂的消息，讓人惶恐不安。顧心懌的母親十分擔心孩子們的安危，一般不

允許子女們獨自上街。她還告訴孩子們，國家貧窮落後，老百姓就會受欺負，只有學好知識，才有能力報效祖國、改變命運。

祖國，對於兒時的顧心懌是一個很抽象的詞彙，但是他曾回憶道：「當你體會到『國破山河在』真真切切地發生在你的身邊時，就會理解什麼是家國情懷，什麼是人間道義。」

在日占區，日本人強制中國人上日文課，講日本歷史，講所謂的「大東亞共榮」。而課堂上，老師卻偷偷為學生講中國古代的四大發明，講祖國曾經的輝煌。顧心懌和同學們被老師動情的講解感染得熱血沸騰、滿腔激憤——中國古代先賢的智慧影響著世界的發展與進步，中國發明火藥，用來製造煙花爆竹娛樂國民，而列強卻用它來製造槍炮，擊破中國的國門，掠奪中國的財富。

顧心懌至今仍記得老師義憤填膺地對他們說：「中國的未來，全靠在座的各位同學，你們今天發奮學習，才會讓中國未來變得強大。」

誰會心甘情願做亡國奴？看著昔日有著五千年璀璨文明的泱泱大國，此刻，卻在日寇的鐵蹄下苟延殘喘，怎能不讓人痛心疾首？顧心懌在老師的啟蒙下，隱約明白了一個道理：國家興亡，匹夫有責。而作為學生，這個「責」，就是努力學習，讓自己變得強大發揮來。

顧心懌小時候尤其崇拜詹天佑，詹天佑用他傑出的才能、超人的智慧，克服了帝國主義的阻撓及自然環境的種種困難，歷時四年，終於主持修建完成了偉大而又艱巨的工程——京張鐵路，給輕視中國的帝國主義者當頭一棒，同時也給中國人添光爭氣。詹天佑的事跡使顧心懌愈發意識到，自己一定要發憤圖強，勤奮學習。他在班裡面比一般的孩子學習更加用功，也因此經常得到老師的表揚和鼓勵。

1945 年 8 月，日本戰敗，上海大街小巷都擠滿了歡慶抗戰勝利的群眾，顧心懌也跟著家人一發揮歡呼著，共同慶祝勝利。突然，

他看到一個青年撿發揮地上的一塊西瓜皮，一下子扣在一個日本兵的頭上，旁邊的其他日本兵竟完全不敢反抗，引得路邊看熱鬧的群眾一發揮鼓掌叫好。

看到眼前這突如其來的一幕，顧心懌感到心中暢快淋漓，小小年紀的他也因此愈發體會到：只有國家真正強大了，才能不受別國的欺凌。

這一年，年滿八歲的顧心懌所在的上海仁慈小學興發揮了「乒乓球熱」。課間休息時，顧心懌看到身邊的小朋友都一窩蜂跑去打乒乓球，他也不禁躍躍欲試。然而由於沒有球拍，顧心懌要想打乒乓球，就不得不向同學借用球拍。久而久之，一些同學就不再借給他了。顧心懌感到自尊心受到了傷害。回到家裡，他想找父親給自己買一副，可想到家中的窘境，他嘗試了幾次都張不開嘴——父親微薄的薪水養活一大家人已經捉襟見肘，哪裡還有閒錢給他買乒乓球拍呢。可活潑好動是孩子的天性，顧心懌按捺不住對球拍的渴望，打算自己動手製作一副。一旦有了這個想法後，他很快就付諸實踐。顧心懌從家裡翻箱倒櫃找出幾塊硬紙板、剪刀、糨糊，先是將紙板壓硬壓薄，一層一層地黏在一發揮，並裁剪成乒乓球拍的大小；然後，在紙板夾層中間鑲上一塊小木片作為手把，一個簡易的乒乓球拍就這樣做成了。

第二天，顧心懌一大早就興沖沖地帶著自己製作的球拍，準備到學校一試身手。結果，剛一擊到球，這個簡易球拍就散架了，惹得周圍同學哄堂大笑。顧心懌的臉紅得像蘋果一樣，尷尬地站在原地不知所措。幸好此時路過一位教常識課的老師，對旁邊看熱鬧的同學說：「你們不要笑，顧心懌的拍子儘管不完美，但這是他自己動腦動手做的，是真正屬於他自己的勞動成果，我們應該為他鼓掌！」

事後，這位老師又對顧心懌的球拍提出了改進建議。回家以後，他重新製作了一副乒乓球拍，並用布條包裹，加固，這樣就相

對結實耐用了。透過這次自制乒乓球拍，年幼的顧心懌第一次品嚐到了創造的辛苦與快樂，為他執著於創新、創造的一生埋下了小小的伏筆。

第三章

專業抉擇

　　1947 年，顧心怿小學畢業了，經過短期緊張的複習後，年僅 11
歲的顧心怿，打算與幾個同學一發揮報名參加上海市市立敬業中學
的入學考試。父母得知他的想法後憂喜參半，一時也拿不定主意。
因為敬業中學在當地名氣非常大，曾有許多成績優秀的孩子參加這
所學校的入學考試都以失敗告終，每年能考取者寥寥無幾。以顧心
怿當時的學習成績，他的確沒有充分的把握。然而母親經過一番思
量後，還是堅定地支持兒子去報考。她認為顧心怿年齡比其他同學
小，即使這次考不上，仍有時間備考其他學校，況且凡事總得親自
去試一試，不然怎麼知道自己能否做得到？

　　敬業中學的前身是上海赫赫有名的敬業書院，有著深厚的歷史
文化積澱。從這所學校畢業的學生中，湧現出大批優秀人才。其中
包括文史學家陸錫榮，有「乾嘉江南七子」之稱的趙文哲、黃文蓮，
清華大學物理系創建者、中國現代物理學的先驅葉企孫，等等。為
能夠考取這所名校，顧心怿在備考過程中投入了大量精力，雖然自
知並非一定能考中，但他不想放棄這次寶貴的機會。考試結束後，
顧心怿焦急地等待了一段時間，卻遲遲沒有等到有關錄取的消息。
在他幾乎要放棄時，卻意外地收到了學校的錄取通知，成為一同前
去參考的同學中唯一的考取者－－他終於實現了自己的心願，考上
了上海市市立敬業中學。

　　能夠順利考上這樣一所讓人仰慕的名校，這是當地許多家庭都
夢寐以求的，可顧鏡詩沒高興幾天，就開始眉頭緊鎖－－他為兒子
能夠考取這所重點中學而高興的同時，卻為孩子的學費犯了愁。眼
下一家七八口人，上有父母，下有子女，都要依靠他一人微薄的薪
水供養，這使顧鏡詩感到壓力很大。然而即便如此，他仍下定決
心：無論家庭條件多麼困難，都要想方設法供兒子唸書。

　　顧心怿記得，父親為了確保他能夠上學，不僅在外兼職打工，
而且還專門找出家中平時從不讓孩子動的物品－－－一件長衫和一塊
懷錶，帶著顧心怿去了當舖。這些「寶貝」都是陪伴了父親多年的心

愛之物，顧心懌知道，若非迫不得已，父親是絕對不會捨得典當這些物品的。時至今日，他仍記得父親小心翼翼地一遍遍摩拭手中懷錶時，戀戀不捨的神情。

就這樣東拼西湊，終於攢夠了學費，顧心懌順利來到敬業中學。在這所學校上學的學生，大都是家庭條件比較好的孩子，和顧心懌的家境形成很大的反差。作為家中的長子，他不僅自己要唸好書，給弟弟妹妹們樹立榜樣，還力所能及地幫助家庭分擔困難。除了課業學習外，每次放學回家，他都會在家中照看年幼的弟弟妹妹們，或是幫助母親做飯。繁重的家務勞動使得他在學校明顯感到精力不夠，有時只能勉強跟上老師講課的節奏。一段時間後，顧心懌的學習成績急轉直下，一度在班級中墊底。

有一次，老師在課堂上提問題，顧心懌很久回答不出來，老師非常生氣，當著全班同學的面批評了他。那一刻，他站在教室裡，面對同學們的目光，臉上感到火辣辣的。回到家裡，母親看他臉色不好，發揮初還以為是生病了。於是，便關切地詢問了緣由。顧心懌把事情經過如實地告訴了母親，這一次，母親並沒有因此而責怪他。錢汝華知道，自己平時忙於照顧家中老人和顧心懌的幾個弟妹，因而疏忽了顧心懌的學習。自此以後，錢汝華承擔繁重的家務之餘，還會耐下性子，抽時間同兒子細細溝通，耐心地為他輔導功課。在母親和風細雨的教誨下，顧心懌的學習成績漸漸有了發揮色。

上海解放前夕，與顧心懌同屆的一位名叫嚴寶鳳的同學，是個精明幹練的女孩。她經常悄悄組織進步學生開會，並有時在組織學生活動時，會讓顧心懌幫助她帶紙條、送口信，或者在「民主牆」上貼傳單。有一次，在組織學生參加「反饑餓、反內戰」集會遊行時，幾百名學生組成的遊行隊伍，到資本家的工廠門口進行示威，聲援罷工的工人，口號喊得震天響。顧心懌在隊伍中雖然還是一個年齡很小的少年，可他依然被當時的革命熱潮所震撼、所感染。

這些進步學生組織的活動深刻地影響著顧心懌，他也興高采烈地加入這些組織中。顧心懌儘管當時還不太明白怎樣追尋崇高的革命真理，但能感覺到這是一件有意義的事情。

直到上海解放後，顧心懌才知道，過去經常帶領大家共同參加活動的嚴寶鳳，原來是一位共產黨地下黨員。「難怪她總是懂得那麼多，原來我不知不覺間跟她一發揮做了很多有意義的事情！」顧心懌不禁心生感慨。

1949 年 12 月的一天，學校公告欄裡張貼了新的公告，同學們都聚在一發揮觀看。這是一份關於「發展中國新民主主義青年團❶團員」的通知，其中有一則條件是要求申請者須為年滿 14 週歲的學生。

顧心懌看到公告，知道自己的年齡不達標。回去的路上，恰巧遇到嚴寶鳳，她問顧心懌：「你過去一直參加我們組織的活動，為什麼不申請加入中國新民主主義青年團呢？」在得知顧心懌年齡不滿 14 週歲後，嚴寶鳳讓顧心懌按虛歲填表，並主動要求做他的入團介紹人。顧心懌聽了很高興，他及時向組織遞交了自願加入中國新民主主義青年團的申請書。令他沒有想到的是，他的申請竟然很順利地被批准了。13 歲的顧心懌，成為新中國上海市的第一批團員。一位少年在一個新政權建立之初，便義無反顧地選擇了正確的政治方向，這勢必激勵他為自己崇高的理想而奮鬥終生。

世上的道路不可能總是一帆風順的坦途，獲取知識，總要歷經艱難而曲折的過程。顧心懌並不是天賦異稟的孩子，但受家庭教育影響，他一直保持認真踏實的習慣。他明白，「學如逆水行舟，不進則退；心似平原走馬，易放難收」。只有勤奮刻苦，才能彌補自身天賦的不足。學習過程中，顧心懌很善於動腦分析老師在課堂上傳授的知識，並結合實踐不斷增強自己的動手能力。

❶1949 年 4 月，中國新民主主義青年團在北平成立；1949 年年底，上海開始建立團組織。1957 年，中國新民主主義青年團更名為中國共產主義青年團。

　　有一次，物理老師在課堂上講得非常生動，當講到「白色的太陽光可以折射成七色彩虹，太陽光就是由多種不同波長、不同顏色的光譜組成的」時，老師說學校沒有演示器，不能給學生演示了。顧心懌想，製作這種演示器應該不算難，自己何不嘗試做一個試試看。晚上，他找來一個餅乾筒，在筒上打了一個小洞，並用筷子作為軸，用圓形蓋和線軸轆作為大、小帶輪，再纏上布帶作為傳動帶。第二天，在老師的細心指導下，顧心懌在一個圓盤上分角度塗上了各種顏色。手柄一搖，圓盤加速轉動，各種顏色便融合成了一片白色——一個簡易光譜演示器就這樣做成了！當老師自豪地向學生展示顧心懌的這項成果時，同學們向顧心懌投去了羨慕的目光——顧心懌又一次嘗到了創造的甜頭。

　　1950 年，顧心懌初中畢業。當時，在他所居住的住戶主要是工人和城市貧民的裡弄裡，初中生儼然是一名知識分子了，上高中近乎是一件奢侈的事情。父親考慮到顧心懌是家中長子，便提出給他找一份學徒工作，以減輕家庭負擔。於是，顧鏡詩四處為顧心懌找工作，賺錢養家。可此時上海剛解放不久，百廢待興，經濟很不景氣，許多工廠被迫停產歇業。年僅 13 歲的顧心懌哪裡找得到工作呢？他又一次陷入迷茫。

　　一次偶然的機會，改變了顧心懌的一生。有一天，顧心懌聽同學說上海中華職業學校正在招生。這所學校最初是由黃炎培先生創辦的，教學品質好，畢業生就業很容易，更重要的是免收學費。這對於一個經濟拮据的家庭來說，無疑是很有吸引力的。而且，這所學校還有顧心懌非常喜歡的專業——機械科。於是，顧心懌決定抱著試一試的態度去參加這所學校的入學考試。

　　學習功底扎實的顧心懌最終順利考取了中華職業學校。接到錄取通知單時，他感到非常興奮，因為終於圓了自己繼續上學的夢想。一家人聽說後，都認為這是一件值得慶賀的事情。

　　入學後，顧心懌了解到，中華職業學校不僅免收學費，而且還

有助學金。其中的石油機械專業，是新中國成立後為培養基礎工業人才而開設的一個專業。由於當時生產石油的西部地區環境非常落後，條件十分艱苦，所以，學生的學雜費用均由當時的中央人民政府燃料工業部承擔。就讀這個專業的條件是畢業後到大西北參加石油工業建設。

既可以學習自己喜歡的專業，又能免費就讀、解決就業問題，這令顧心懌心滿意足，他義無反顧地選擇了石油機械專業，愉快地填寫了專業志願和去西北地區工作的承諾書。

學校在課程設置方面十分重視學生的實踐能力，師資力量也十分雄厚。許多老師曾是工廠的工程師，還有的是從美國留學回國的青年才俊，理論和實踐經驗都相當豐富。在這裡，顧心懌如饑似渴地學習專業知識。他嚴格要求自己在課堂上始終保持旺盛的精力，不放過任何一個知識節點，每堂課都全神貫注地聽講，認真做好課堂筆記，課後再舉一反三地複習和鞏固。這一階段的學習使顧心懌掌握了良好的學習方法，同時也為自己日後工作中掌握探尋規律的方法拓展了思路。

興趣是學生最好的老師，對於當時年僅十幾歲的顧心懌和他的同學們而言尤其如此。因此，老師對學生的開蒙與啟迪就顯得愈發重要。令顧心懌記憶猶新的是教機械製圖的朱君平老師。他上課從來不照本宣科，並且風趣幽默，特別吸引同學們的注意力。

第一天上課，朱老師就站在黑板前面，一抬手，用粉筆畫了一個大大的正圓，令同學們感到十分驚訝。接著，他又畫了一條很長的直線。同學們簡直都驚呆了——老師畫的圓和直線，實在太規範了，而且他並不需求借助圓規和直尺，真是令人不可思議！朱老師教導學生們，只要經過刻苦訓練，每個人都可以達到這種狀態，以後無論在怎樣簡陋的工作環境中，只要有一支筆和一張紙，就可以隨時隨地繪製出草圖，既省時省物，又能夠方便快捷地送到工廠進行加工。老師的親身示範在學生心中樹立了學習的榜樣。

在課堂上，朱老師能夠將看似深奧艱澀的幾何課程，運用生動形象的方式呈現給學生們，讓他們大開眼界。顧心懌在朱君平老師的課堂上受益匪淺。從中學到的許多知識、技能，在後來的工作崗位上都十分受用。

中華職業學校有自己的定向實習工廠，學生一般在課堂上學習專業理論後，會再到實習工廠進行驗證和磨礪，使實踐能力得到進一步提升。不僅如此，學校還定期組織學生到合作的機械工廠去頂崗實習，與工人們一發揮工作，從而既錘煉了學生的理論與實踐結合能力，又使其在實踐中學習了工人師傅們吃苦耐勞的品質。

正是在中華職業學校的求學經歷，使顧心懌與石油結下了不解之緣。也正是在這裡，他牢牢記住了黃炎培先生倡導的校訓：手腦並用，敬業樂群。

第四章
羽翼漸豐

第一節　赴京深造

　　在中華職業學校兩年的求學生涯不知不覺中就要結束了，顧心懌對石油機械專業知識有了更深入的認知。按照入學協議的規定，畢業後，顧心懌會被分配到當時我國僅有的位於新疆、玉門等地的油田工作，參加祖國邊疆的油田建設。

　　從繁華的上海大都市到荒無人煙的戈壁大漠去工作，顧心懌並非完全沒有牴觸情緒，但他知道做人要誠實守信。因此，他堅持帶頭響應學校的號召，踴躍報名參加祖國西部的油田建設。回憶發揮當年的經歷，顧心懌說自己尚沒有所謂的鴻鵠之志，也沒有驚天動地的豪言壯語，自己只是樸素地認為，應該信守諾言，到艱苦的邊疆去，到祖國最需求的地方去。

　　當他躊躇滿志地準備報名去大西北時，卻不知道學校正在遴選政治條件過硬、根正苗紅的學生繼續深造——學校當時最緊要的是為國家培養輸送一批石油翻譯人才。而顧心懌的條件完全符合學校的選拔標準，加之其品學兼優，年齡符合要求，便名正言順地進入備選學生名單中。就這樣，他的命運又發生了戲劇性的轉變——在中華職業學校畢業後，便被推薦到國家燃料工業部幹部學校俄語專修班繼續深造。

　　這樣的安排，令顧心懌感到出乎意料。儘管班上許多同學對他很是羨慕，但顧心懌卻有些高興不發揮來。一方面，他期望自己能到大西北去，那裡有廣闊的天地，自己一定會有所作為；另一方面，自己作為家中長子，成長至今，不僅沒有為父母分擔經濟壓力，反而因為一直上學給家裡增加了不少負擔。他希望儘快找到一

份合適的工作，減輕父母的生活壓力。雖然眼前的選擇讓顧心懌十分猶豫，但俄語專修班的機會難能可貴。因此，他最終還是選擇了服從組織安排，繼續學習深造。

國家燃料工業部幹部學校俄語專修班，是專門為培養燃料工業專業翻譯人才而開設的。該專修班開辦時，同時設立了三個班：一、二班各 30 人，由來自東北各地煤礦學校的畢業生組成；三班有 37 人，其中包括從上海中華職業學校石油機械專業畢業生中選調的 20 人，從蘇州高級工業技術學校煉油專業畢業生中選調的 7 人，以及從杭州水電學校電力機械專業畢業生中選調的 10 人。俄語專修班的班主任岑明是一位資深的老幹部，學校領導均為精通俄語的技術專家，承擔該班俄語語音課、俄語文學課（精讀課和泛讀課）、專業俄語課和俄語口語課等的教學工作。學校同時配有蘇聯教員，並為每一位蘇聯教員配備了中國教員以開展協助工作。

顧心懌所在的三班，37 名同學大都曾是原學校中出類拔萃的優等生。學校良好的學風、扎實的基礎教育、和睦的師生關係，都為學生的德育和智育發展打下了牢固的基礎。

在俄語專修班學習期間，顧心懌認真而系統地學習了日常俄語及石油機械專業俄語方面的知識。這為他在日後與蘇聯技術人員高效交流中，熟練掌握蘇聯機械專業技術奠定了堅實的基礎。

首都北京人文薈萃，風光無限，名勝古蹟不勝枚舉，但顧心懌卻沒有多少時間去游景逛街，而是幾乎將全部時間與精力都用在了學習上。由於學校課程安排得很緊湊，班裡的同學學習都非常努力，顧心懌自然也不甘落後。他保持著勤奮、認真的學習習慣，成績始終比較穩定。第一次期末考試時，俄文學、歷史、語法、講讀、專業等六門課程，全部達到滿分 5 分。最終六個學期結束時，他先後有四個學期被學校評為優等生。

1954 年 10 月 1 日，新中國成立五週年之際，顧心懌與同學一造成天安門廣場參加群眾遊行。他看到天安門廣場上，由工、農、

商、學、兵組成的遊行隊伍摩肩接踵，浩浩蕩蕩，長安街上宛若一片歡樂的海洋。顧心怪走在遊行隊伍中，精神抖擻，意氣風發。他抬頭遠遠望見，毛澤東、劉少奇、朱德、周恩來等中央領導人，正站在天安門城樓上觀看遊行隊伍。毛澤東主席不時伸出手臂，向廣場遊行的群眾揮手致意。顧心怪隨著遊行隊伍從廣場前面經過，內心的激動難以言表。此時，人們興高采烈地高唱發揮《大海航行靠舵手》，歌聲高亢，場面壯觀；天安門城樓前紅旗漫卷，人山人海，一片歡騰。此情此景，成為一生中難以忘懷的幸福時刻，永遠定格在顧心怪的腦海中。他期盼偉大的祖國不斷強大，因為沒有新中國，他們這些窮孩子就不可能有機會來北京求學。

1953～1956 年，顧心怪在北京度過了求學的三年，這期間，他沒回過一次家鄉。不是不想家，而是自己的經濟條件不允許。

每到放寒暑假的時候，他就到北京火車站去瞧瞧，送走返鄉的同學。那個時候，顧心怪最大的願望就是口袋裡有 28 元 5 角錢，這樣他就能買到往返車票，回到日思夜想的家鄉。他經常在夢中回到上海，見到父母，還有同自己一發揮玩耍的弟妹們，可每每醒來，卻又要隻身一人面對漫漫長夜。顧心怪只能將思念化為學習的動力，日復一日堅持苦學專業知識。

空閒的時候，顧心怪會利用晚上的時間給父母寫信，只有透過書信往來，傳遞對親人的想念之情，他心裡才會得到些許安慰。他把想對父母說的話都寫在信紙上，問一問他們的身體，問一問家中的變化，問一問弟妹們的學習……

獨自在外求學的生活再艱難，顧心怪都不曾向父母開口要錢，他省吃儉用，靠為數不多的助學金維持簡樸的生活。有一天，一位同學忽然生病住院，顧心怪聽說後與幾個同學準備一發揮去醫院看望，其他同學都買了禮物，顧心怪囊中羞澀，只得硬著頭皮向同學借了一點錢，買了一個蘋果送給生病的同學。禮輕情意重，同學非常了解顧心怪的經濟狀況，並沒責怪他。可他自此真正理解了當初

父母的節儉與艱辛－－父母為了供他上學，節衣縮食，省吃儉用，一分一厘都來之不易啊！

　　寒暑假留在學校的日子裡，除了認真複習、預習所學知識外，稍微有空閒，顧心懌就鑽到學校圖書館如饑似渴地閱讀課外書籍，《鋼鐵是怎樣煉成的》等一些勵志小說都是他利用假期在圖書館裡讀完的。他的心靈在一次次閱讀中經歷著紅色的洗禮。他還經常利用假期時間查閱俄語資料，彌補課堂中的遺漏和不足。只要一看書，他便經常忘記吃飯的時間，學校圖書館的管理員時常提醒這個戴眼鏡的「書呆子」去食堂，否則他不知道會餓多少次肚皮呢。

　　一個人獲得精神滋養的渠道是多方面的，靜心閱讀，潛心揣摩，都使他愈發明晰自己的人生方向。在讀《鋼鐵是怎樣煉成的》時，顧心懌被書中保爾·柯察金的故事深深地打動了，他記住了保爾說過的話：「人，最寶貴的是生命；它，給予我們只有一次。人的一生，應當這樣度過：當他回首往事時，不因虛度年華而悔恨，也不因碌碌無為而羞愧。這樣，在他臨死的時候，他就能夠說：『我已經把我的整個生命和全部精力，都獻給了這個世界上最壯麗的事業。』」後來，每當遇到挫折和坎坷，顧心懌總能從這段話中汲取力量，不懈前行。

　　閒暇之際，顧心懌也會學唱一些俄語歌曲。他認為這不僅能夠很有效地提升自己的口語水平，而且還能透過優美的旋律釋放疲勞。那時候，同學之間比較流行跳交誼舞，而顧心懌感覺自己缺乏這方面的天賦，他更喜歡在校園的綠草坪上，用迷人的嗓音，深情地高歌一曲《喀秋莎》，旁邊的同學也經常快樂地用手風琴為他伴奏。

正當梨花開遍了天涯

河上飄著柔曼的輕紗

喀秋莎站在峻峭的岸上

歌聲好像明媚的春光

姑娘唱著美妙的歌曲

她在歌唱草原的雄鷹

她在歌唱心愛的人兒

她還藏著愛人的書信

啊這歌聲姑娘的歌聲

跟著光明的太陽飛去吧

去向遠方邊疆的戰士

把喀秋莎的問候傳達

駐守邊疆年輕的戰士

心中懷念遙遠的姑娘

勇敢戰鬥保衛祖國

喀秋莎愛情永遠屬於他

......

沁人心扉的旋律，優美歡快的節奏，吸引著周圍的同學們。大家跟著節拍一發揮輕輕哼唱著，歡笑著......

顧心怦自己也陶醉在這優美的樂曲裡。目光所及之處，陽光明媚，天空湛藍，首都雄偉而壯麗。

第二節　紅色信仰

顧心懌所在的班級是俄語專修班中的先進班級，入學之初便有三名預備黨員，班長王才良就是其中之一。顧心懌發現，王才良看問題，總能有自己獨到的見解，學習成績也始終名列前茅，因此心中默默視其為自己學習的榜樣。

小時候，顧心懌多次積極參加高年級同學組織的民主進步運動、反饑餓遊行，不知不覺間受到了他們革命熱情的影響。那時候，顧心懌就非常羨慕他們敢作敢為的勁頭，敢於向舊勢力挑戰的勇氣，希望自己也能夠成為像他們那樣的人。青少年時期的共產主義啟蒙，對於顧心懌的一生產生了至關重要的影響。他堅信，只有緊跟共產黨，中國老百姓才會有希望。

顧心懌從班主任和班長那裡，借來許多有關共產主義理論的書籍，仔細閱讀了《共產黨宣言》，系統學習了《為人民服務》《愚公移山》《紀念白求恩》等文章。

作為一個還沒有走出校門的學生，在經過一段時間對革命理論著作的系統學習後，他愈發感受到中國共產黨的偉大——只有一心一意為勞苦大眾謀幸福的政黨，才是人民信賴和擁護的黨。顧心懌浸潤過水深火熱的苦難歲月，經歷過血海深仇的戰亂年代，如今，他漸漸明白自己為何而學，懂得了歷史賦予自己的重任。他暗下決心，一定向黨組織靠攏，爭取早日成為中國共產黨隊伍裡光榮的一員。

在俄語專修班學習的第二學期，顧心怪鄭重地向學校黨組織遞交了申請書。然而等了許久，卻遲遲不見回音。但他不氣餒，先後多次向組織呈報了自己的思想匯報，密密麻麻寫滿了一筆記本的學習心得和認識體會。負責政工管理的張老師是黨支部委員，看到這位班中年齡最小的學生，思想卻很積極，且做事十分執著，不由得對他刮目相看。課餘時間，張老師總喜歡找顧心怪聊天，從他們的交流過程中，他得知了顧心怪的成長經歷，也理解了顧心怪申請入黨的迫切願望。他對顧心怪說，年輕人有願望還遠遠不夠，還需求對黨有一個不斷加深認識的過程，隨時準備接受黨組織的考驗。

顧心怪從圖書館借到張老師推薦的幾冊共產黨知識讀本和毛主席著作，繼續如饑似渴地學習發揮來。他認真學習了黨的綱領、方針、政策、理論等內容。在持續深入的學習中，顧心怪經常審視自己的身分，不斷檢視自己的言行，嚴於剖析自我，善於反觀自照，勇於自我反省。透過認真反覆地學習和感悟，使自己在思想和行動上都獲得了很大的提升。

經過一段時間的學習後，顧心怪再次撰寫了一份入黨申請書。這一次，他結合自己的深入學習和不斷思考，將思想心得和體會，一併交給了張老師。張老師看到這個小夥子如此堅持不懈地追求自己的理想，思想也日漸成熟發揮來，打心眼裡為他高興，他許諾做顧心怪的入黨介紹人，同時，還安排他參加了學校的入黨積極分子學習班。

1955 年 3 月，學校黨支部初步討論透過了顧心怪的入黨申請，原則上同意發展他為中國共產黨黨員，並準備報上級黨委審查批准。這時候，班裡還沒有一個正式學生黨員。

1955 年 11 月 10 日，顧心怪清楚地記得這個日子。他激動地站

在鮮紅的黨旗下，對著黨旗莊嚴宣誓。這一天，他終於夢想成真，光榮地加入了中國共產黨。

這一年，顧心懌剛剛年滿十八歲。這是他成人禮上特別值得紀念的篇章。當初學校不乏優秀者，而像他這樣年紀輕輕，便能夠順利發展為學生黨員的，全校還是鳳毛麟角。顧心懌透過刻苦努力學習，出色的政治表現，贏得了黨組織對他的考驗和信任，終於實現了自己夢寐以求的夙願。

入黨以後，他對自己的要求更加嚴格，學習的動力也更足了。他不僅帶頭參加支部組織的各項政治活動，還主動關心幫助其他同學，與大家互相督促，共同進步。

俄語學習是顧心懌所在專修班的主要內容。由於顧心懌沒有唸過高中，外語幾乎是零基礎，學習難度比一般同學大得多。因此，他投入了比其他同學更多的時間和精力。語言專業學習枯燥乏味，顧心懌只能在學習過程中，尋找小技巧和趣味性。為了記憶一些難背的單詞，他還自創了「聯想記憶法」。比如：「星期天」這個詞語，顧心懌將其發音聯想為「襪子擱在鞋裡」，「想想也挺有道理，週末了襪子擱在鞋裡，就好好休息唄。」

透過對單詞的一遍遍重複訓練，對語法的一次次反覆記憶，顧心懌的俄語水平不斷進步，記憶力也得到顯著提升。經過緊張而刻苦的三年學習，1956 年，顧心懌從俄語專修班畢業，擁有了他此生的最高學歷——大學專科。

第三節　去大西北

從俄語專修班畢業前夕，學校開始安排學生工作分配事宜。這關乎每個人的未來，大家顯得特別慎重。平時熱鬧的校園似乎一下變得安靜發揮來。

此時的顧心怿，面臨著人生又一次重要的選擇。校方對優秀畢業生的去留，提供了相對寬裕的條件。以顧心怿的學習成績，可以選擇留校或在北京石油系統從事翻譯工作；同時，也可以選擇去西北地區的油田工作。他想過，若是留在北京繼續做翻譯工作，環境優越、工作舒適，但北京藏龍臥虎，人才濟濟，想要成就一番事業，其難度可想而知；若是上玉門油田，面對的是「風吹石頭跑，天上沒飛鳥，山多不長草，男多女的少」的茫茫戈壁和一年四季「一張羊皮隨身帶，白天穿，晚上蓋，天陰下雨毛朝外」的惡劣環境，但在那片廣闊天地卻可以大有作為。

留在北京，環境優渥、工作穩定，但當時的顧心怿認為，學習知識的目的，是在實踐中發揮應有的作用，自己掌握的專業知識，只有真正運用到油田，才會有更廣闊的施展空間。因此，經過反覆激烈的思想鬥爭，他還是決定選擇去油田工作。這個時候，他的同班同學、比他年長一歲的好友洪百榮也在分配去留的問題上，與顧心怿陷入了同樣的兩難境地。

顧心怿心中始終銘記自己在中華職業學校入學時的莊重承諾：到大西北去，去大西北開採石油，去大西北為國家奉獻才智。洪百榮也是與他有著同樣想法的熱血青年，兩人一拍即合，決定去西北鍛煉自己。有了志同道合的夥伴，更增強了顧心怿去大西北的信

心——人生難得幾回搏，不趁年輕闖一番事業，更待何時？

於是，他與洪百榮一發揮找到學校，顧心懌說：「我們學的是石油機械和石油專業俄語，北京雖然條件好，卻沒有油田，我們還是自願去大西北。」分管就業分配的負責人答應將他們的意願反映給學校領導，並讓他們耐心等候消息。

沒過多久，學校經過研究並報上級部門批准，同意了他們的請求。就這樣，顧心懌和洪百榮以俄語實習翻譯的身分，被分配到具有「中國石油工業的搖籃」之稱的玉門油田。

至此，全班 37 名同學均完成畢業分配，除了兩人被分配到玉門油田、兩人被分配到四川氣田外，其餘畢業生全部留在北京從事技術翻譯工作。直到蘇聯專家完全撤走後，他們才再次被分配到各技術、教育領域從事科學研究、教學、管理工作。此後，這個班的學生在祖國的各條戰線上，砥礪前行，以技術報國，為集體取得了許多榮譽。

1956 年 7 月，顧心懌帶上行李，與洪百榮一道乘火車，從北京一路翻山越嶺趕往甘肅。在蘭州下車後，他們轉乘客車趕往玉門。客車經過酒泉時，顧心懌透過車窗看到外面零零散散分布著幾排房屋。在這個看發揮來不大的地方，始終有高音喇叭放著革命歌曲，讓他不禁感到熱血沸騰——誰也沒想到，兩年後，這裡開始建設中國最大的衛星發射基地。等他們到達目的地時，天已經完全黑下來。兩人一路打聽到玉門油田駐地，找到玉門油田專家工作室的主任朱文科報到。

朱文科見到這兩位從北京分配來的學生，衣著樸素，言談舉止儒雅，心中非常高興，興奮地對他們說：「你倆是第一批來報到的學生，歡迎你們來石油一線與我們並肩戰鬥。」朱文科還告訴他們，西北地區雖然荒涼，卻是年輕人奮鬥的好地方。接著又簡單地給他們進行了分工，並囑咐了工作中需求注意的相關事項及安全規定。

為了振興民族石油工業，1953～1957 年，國家集中力量加快新

中國第一個石油工業基地建設。玉門油田迅速成長壯大為一座集地質勘探、鑽井、採油、煉油、機械製造、油田工程建設和石油科技、教育等為一體，門類齊全、設施完備的大型現代石油工業基地。

在祁連山下，顧心懌踏上了玉門油田的土地，這是他第一次感受到戈壁灘的蒼茫與遼闊，第一次領略到祁連山的雄渾與奇美，第一次驚喜地看到巍峨的鑽塔直衝雲天，第一次見識到地下的原油是怎樣被勤勞的石油工人開採匯聚一發揮……

顧心懌在玉門經歷了平生許多個「第一次」。他把這裡作為人生嶄新的發揮點，作為從校園走向社會，投身石油建設的第一站。他特別珍惜在這裡的學習和鍛鍊機會。

當時，顧心懌被分配到玉門礦務局專家工作室做翻譯工作。然而不知何種原因，應由他陪同翻譯的蘇聯專家一直沒有到達玉門，因此，他只能作為機動人員，在其他人忙不過來時，幫助開展翻譯工作，其餘時間在工作室整理外文資料。但顧心懌不願意總在機關待著，他喜歡去前線井隊，那裡的許多場景他都曾在上學的時候一遍遍憧憬和想像過。

人生的許多經歷，只要用心體驗，都會成為寶貴的財富。在這裡，從沒體驗過油田生活的顧心懌，終於有機會近距離地了解玉門油田的基層工人。他去看早年工人吃住的土窯洞，看東崗上用新技術鑽的雙筒井，看老式採油樹；他在戈壁灘上看物探地震隊放炮測量，看井場鑽井工人打快速鑽井，看採油工人用抽子提取原油……這些工人們的日常工作流程，在他眼裡都變得新鮮生動。甚至當時看到的許多場景，至今都令他記憶猶新。

玉門前線的職工看到從北京分配來的這個年輕人——文質彬彬，眉目俊朗，說發揮話來斯斯文文，略帶上海口音——發揮初心裡直犯嘀咕，擔心他是個弱不禁風的「繡花枕頭」。但是透過一段時間的接觸後，大家對他的看法都大為改觀。

顧心懌接受過良好的家庭教育，這不僅使他自幼知書達理，而且養成了勤學好問的習慣。他在現場遇見不明白的問題，總是喜歡找有經驗的老師傅討教，並且有「打破砂鍋問到底」的精神，不弄清楚前因後果，便不肯善罷甘休。閒暇的時候，他還喜歡獨自去附近的鑽井或採油工地施工現場轉轉。這裡有許多新中國成立前就參加工作的工人，他們長期在這些井場上摸爬滾打，練就了過硬的技術本領。曾有一位年長的工人師傅笑著對他說：「小夥子，別看這兒是不毛之地，可地下遍地是寶。不來玉門，怎麼算得上真正的石油人？你算是來著了！」

顧心懌很慶幸自己的選擇。老師傅們反穿著老羊皮，高門大嗓，性格豪爽，對他提出的問題有問必答，從不拐彎抹角。顧心懌不僅對不明白的問題喜歡刨根問底，而且還喜歡自己動手實踐一番，過一把操作的癮。他在徵得工人師傅的同意後，在司鑽的指導下上鑽臺、扶刹把，與柴油司機一發揮發動機器，同井架工一道爬上鑽塔二層平台拖鑽桿……井隊所有的崗位他幾乎摸了一個遍。

玉門礦務局的老君廟是玉門人最深的記憶之一。因為淘金而修建的老君廟，見證了玉門的石油榮光。顧心懌專門前往老君廟，瞻仰了功勳卓著的老一井，在這裡一遍遍感受當年石油前輩叱吒風雲的歲月。

他記得玉門礦務局附近有一條石油河，在河邊上老君廟的附近有個中坪廣場，廣場上聳立著一座孫建初的紀念碑。這位被稱為「中國石油之父」的開拓者，是第一個跨越祁連山的中國地質學家，指導探明並開發了玉門油礦，建成了中國第一個石油工業基地，是中國石油地質的奠基人，培養了中國第一批石油地質人才，對中國石油事業做出了卓越貢獻。

在中坪廣場上，顧心懌長久地仰望著孫建初的紀念碑，心潮發揮伏，思緒萬千。他對這位浩氣長存的石油前輩敬仰已久，在北京上學期間，他在學校圖書館就閱讀過孫建初的相關資料，對於這種

無論在什麼環境下，都能夠把國家的能源事業看得比生命還重要的人，心中無比欽佩！

玉門石油工業的優良品質，正是在於一代代石油人的傳承與接力，也才因此湧現出王進喜等一大批彪炳史冊的石油英模。顧心怪感到自己需求學習的東西太多了。此後，無論自己跑現場，還是陪外國專家上井，他都非常用心地記錄工作中的細節。有一次，波蘭專家來玉門礦務局了解柴油機的使用情況，他作為翻譯陪同專家在現場詳細了解了設備的每一道運轉流程，並在參觀結束後反覆揣摩專家所提出的每個問題的本質，認真思考解決方法。他由此愈發感到，所有技術相關理論都要回歸現場，不斷接受實踐的檢驗。

大西北戈壁灘的道路，是高低不平一棱一棱的「搓衣板」路，汽車在上面奔馳很是顛簸，可當地老百姓的牛車走在上面卻十分平穩。顧心怪透過觀察發現，原來是牛車安裝了直徑兩米的木頭輪子，遠遠望去，只見輪子不見牛和車，所以，這樣的裝備對付坑坑窪窪的道路不在話下。「果然深山藏虎豹，民間有高人。」他不禁心生感嘆。粗獷的大漠荒野，酣暢的信天游，豪爽的塞外漢子，冬暖夏涼的窯洞，蘊含在民間的智慧……都深深影響和陶冶著這位上海青年，也為他人生的發展埋下了伏筆。

在他來到玉門工作的第四個月，有一天，朱文科對顧心怪說：「經過核實，原先由你服務的那位蘇聯專家的確來不了了，現在組織需求調你去華北，那裡從蘇聯進口了最先進的氣孔鑽機，正需求像你這樣的年輕人去施展本領。」儘管顧心怪感到有些意外，但依舊服從了組織的分配。在西北工作雖然只有短短的幾個月時間，卻對顧心怪產生了深遠的影響。他非常慶幸自己當初的選擇——假如沒有玉門油田這段工作經歷，他或許還在另外一條道路上踟躕，而恰恰是這次選擇，讓他明確了自己的目標和方向。從此，外在因素再難撼動他堅如磐石的決心。

第|五|章

結縁勝利

1956 年 11 月，顧心懌和洪百榮接到上級部門的通知，安排他們到河北省衡水市的華北石油鑽探大隊 32104 鑽井隊擔任蘇聯專家的翻譯，參加華北地區第一口油井——華一井的鑽探工作。接到調令後，他們簡單收拾完行囊，便從玉門乘車匆匆趕往華北。到達目的地後，他們很快調整好狀態，著手了解華北地區石油勘探生產過程中各類鑽機的基本性能。

嚴格地說，華一井是中國與蘇聯在華北地區合作鑽探的第一口探井。由於這口井在華北地區具有十分重要的意義，因此，勘探過程中採用了當時蘇聯國內最先進的氣挖鑽機，華北油田鑽探大隊 32104 鑽井隊與蘇方聯合組成強大的技術陣容，以期早日拿下這個「堡壘」。32104 鑽井隊除常規人員配置外，還為蘇聯工程及機械專家和十多名技術工人配備了包括顧心懌在內的七名翻譯人員。他們長期駐紮井隊，開展翻譯及相關技術工作。

那段時間裡，顧心懌每當空閒時，便到現場同工人們一發揮幹活，或者觀察工人處理機械設備故障，從而不斷在實踐中學習。他暗下決心，一定要進一步向設備構造探進，深入了解機械設施的構造和運轉機制。為學習蘇聯氣控鑽機的工作原理，顧心懌利用業餘時間認真研讀俄語鑽機說明書和相關資料，半人多高的技術資料，他不厭其煩地逐頁翻看，直到完全弄明白為止。

他十分珍惜同蘇聯專家一發揮工作的機會。由於具備專業語言優勢，顧心懌與他們交流發揮來毫無障礙。他經常就某個疑難問題虛心討教，有時一個問題反覆求證好幾遍，直到徹底了解來龍去脈才肯罷休。發揮初，有些蘇聯專家在工作交往中比較傲慢，不太願意過多地向中方技術人員講解設備方面的細節。但性格執著、謙虛好學的顧心懌還是想方設法，透過工作中的真誠相待、生活中的悉心照顧，最終贏得了蘇聯專家的信任。有時候，這些蘇聯專家還會給顧心懌講他們衛國戰爭時期的故事和一些家鄉的奇聞逸事。講到動情處，他們時而像孩子一樣，流下激動的眼淚，時而又會豪爽地

大笑發揮來。從他們繪聲繪色的講解中，顧心懌能夠感受到他們對自己強大祖國的自豪感。他常想，何時我們的祖國能變得如此強大呢？

特殊的石油會戰歷史時期，中國石油勘探重要力量兵分兩路，一路集中在松遼平原，另一路的主攻目標則基本鎖定在華北平原。由於所處位置地質構造十分複雜，華一井前前後後打了一年多仍未完成，施工過程異常艱難。而正在遭遇嚴重困難的時刻，蘇聯專家突然接到通知，撤離了中國，導致許多技術工作驟然停止。這愈發使顧心懌明白，中國的事情，最終還要依靠中國人自己來解決。

蘇聯專家撤離後，顧心懌接到通知，可以返回北京重新安排工作。面對當時華一井進口鑽機停鑽的狀況，顧心懌放棄了回京的機會，申請繼續留在油田工作，

他認為，自己學過石油機械專業知識，曾經仔細查閱並分析過這部鑽機的全部俄語技術資料及其他相關資料，加之在為蘇聯專家擔任翻譯的過程中，向他們學習了許多專業知識，因此，他甚至比現場操作人員還要了解華一井鑽機的技術細節。他相信，現場需求他這樣的技術人員。

就這樣，在顧心懌的誠懇請求下，鑽探大隊負責人向上級說明了現場的實際困難，希望能夠留下顧心懌在油田繼續開展技術工作。特殊時期，需求特殊人才，在得到上級的同意後，鑽探大隊的同事們都為能留下顧心懌而高興。

不久，華北勘探處處長宋世寬打來電話，告訴了顧心懌一個好消息：上級批覆顧心懌擔任石油機械技術員，按照大學本科學歷轉正，工資待遇多轉一級。沒有經過助理技術員，就直接破格成為石油機械技術員，使得顧心懌比同期畢業的大部分同學高出一級——這是在特殊崗位中顧心懌獲得的「特殊獎勵」。

1957 年，華北石油鑽探大隊升級為華北石油勘探處，遷址濟南。顧心懌作為廠裡的技術骨幹隨廠遷往濟南，被分配到勘探處鑽

井科工作。自此，他與山東結下了不解之緣。

1958 年，石油部部長余秋裡詳細聽取了華北石油勘探處負責人和專家的匯報。透過他們對華一井的分析，余秋裡果斷提出了由隆發揮區找油轉向坳陷區找油的總體部署，集中力量在坳陷區選擇具有圈閉的構造進行鑽探。

同年 12 月，石油工業部在北京組織召開了晉、冀、魯、豫四省石油勘探協作會，同地質部和四個省份進行了初步分工；1960 年 5 月和 1960 年 11 月，又先後召開了同地質部協商分工的鄭州會議和天津會議。與會專家學者一致認為，渤海灣一帶是找油找氣的有利地區，並計劃將馬頭營構造、北塘構造、羊三木構造、鹽山構造、義和莊構造和東營構造等六個局部構造作為突破口進行勘探，還一致決定東營構造由鑽井力量較強的石油工業部負責鑽探。

華北石油勘探處組織隊伍繼續開展勘探工作，勘探範圍包括河南、河北、山東等地，鑽探了華二井至華六井五口探井。顧心懌參與了每口探井的施工、作業、設備運行等環節的現場服務工作，協助解決了多種設備問題，深得同事們的好評和信任。

在多口探井鑽探期間，除華四井及華六井在二疊系砂岩中見到零星油斑外，其餘探井均未見到任何油氣顯示。長時間的疲憊作戰收效甚微，令大家有些心灰意冷。直到 1960 年，華北石油勘探處在山東省商河縣境內打出了華七井，並在濟陽坳陷第三系中見到良好的生油岩層和儲油岩層。以此為契機，石油工業部和地質部的專家認真總結前幾年找油過程中積累的經驗和教訓，進一步論證和評估了渤海灣地區的油氣勘探前景，重新調整策略部署，確立主攻方向，決定集中力量加快這一地區的鑽探進程。

顧心懌先前在濟南的華北石油勘探處機關工作，負責勘探處所屬前線單位設備的維護保養和監督；1961 年 2 月，他轉調到華北石油勘探處下屬的石油機械廠任技術負責人，成為獨當一面的技術人才。

1961 年 2 月 26 日，32120 鑽井隊在冰天雪地裡，組織隊伍正式在東營開鑽華八井。隊上 150 名鑽井工人中大多是部隊轉業軍人，作風過硬，野外生存能力強，他們頂風冒雪在曠野晝夜奮戰。他們學習大慶油田的經驗和方法，仔細研究分析油層，制定技術策略，力求達到快速勘探開髮油田的目標。

4 月中下旬，華八井完鑽並見到油氣顯示。好消息傳來，極大地鼓舞了參戰隊伍的士氣，人們彷彿聽見石油的腳步聲越來越近。經過前期漫長的勘探，大家終於看到了希望的曙光。只是他們當時還不知道，這是一口具有里程碑意義的井，作為勝利油田的發現井，拉開了華北地區大規模石油勘探開發的序幕。

喜訊很快傳到了位於濟南的華北石油勘探處。由於當時鑽井現場急需設備機修人員，華北勘探處決定，組織一個小分隊前去支援華八井的機械維護工作。與眾多盼油心切的人一樣，身處石油機械廠的顧心懌聽聞這一消息，心中無比喜悅。當聽說現場缺少機械維護人員時，他主動要求同另外四名技術工人加入機械修理小分隊。在徵得組織同意後，他們立即拉上兩臺機床設備，帶著帳篷匆匆趕赴東營地區。

這樣一口令人矚目的重點井，其勘探意義在陸相石油開採中非同小可。石油工業部決定直接派鄧禮讓到華八井作業現場指導工作。鄧禮讓到達現場後，看到華八井設備陳舊，經常發生機械故障，十分著急。他見到負責井隊設備服務工作的顧心懌後，囑咐他住在井場，隨時準備巡查設備，確保鑽機、柴油機正常運轉。

鑽井現場瞬息萬變，勘探過程的突發狀況層出不窮。有一次，井口又突然遇到問題，地質專家需求取出油層的岩芯進行分析，可幾次取芯鑽進效果都不理想，無法取到完整的大段岩芯。大家先後嘗試了多種思路依然沒有辦法解決眼前的問題。

當時的鑽井隊隊長李仲田是一位身經百戰的老石油工人，處理過許多井場故障，可面對當前的問題，一時也想不出解決的辦法。

他手足無措、心急如焚。當見到顧心懌時，就像是看見了「救星」一樣，激動地對顧心懌說：「小顧，你是搞機械的，能不能趕快幫我們想想辦法，取出岩芯？如果因為這個問題耽誤鑽井生產進度，我真的負不發揮責任啊！」

然而，顧心懌只是負責地面設備維修，對於地下取芯工具並沒有太多涉及，因此沒有多少把握。

他先到現場仔細查找分析了故障原因，認為現在使用的取芯工具比較細，無法滿足當前地層的取芯需求，於是萌生了重新設計一款取芯工具的想法。

他帶著自己的一些初步思路，找到幾位經驗豐富的司鑽進行溝通。他們在現場認真分析了導致現存問題的主要原因，並因地制宜，提出了新的設計措施和方案，大家初步達成了共識。

顧心懌顧不上休息，連夜繪製設計圖紙，再趕到加工工廠，迅速組織了幾名機械工人，因陋就簡地製作出了比原先取芯管橫截面面積增大了四倍的新取芯工具。經過技術人員在井上的現場運用，一舉成功取出了東營地區第一筒大直徑油砂岩芯。

這套大直逕取芯工具順利解決了生產上的燃眉之急。儘管在當時簡陋的條件下，該工具製作不甚精良，但顧心懌的設計理唸完全符合現場需求，工具結構設計十分合理，有效發揮了它的獨特作用。這套取芯工具可以稱得上顧心懌工作以來的第一項科技創新成果，極大地提升了顧心懌日後開展科技創新工作的信心。

華八井的成功鑽探，有力地推動了整個華北地區石油普查勘探的發展。1961 年 7 月，石油工業部做出決定，要求華東石油勘探局的主要勘探隊伍由江蘇調往山東，原先在山東的華北石油勘探處併入華東石油勘探局，集中力量對已見油的東營凹陷進行重點勘探。1962 年 9 月 23 日，東營構造上鑽探的營 2 井獲日產 555 噸高產油流，成為當時全國日產量最高的一口油井。

顧心懌在華八井出色完成工作任務後，鄧禮讓看他是一個不可

多得的技術苗子，便誠懇地對顧心懌說：「你別走了，還是留在東營吧，這裡更需求你。」

顧心懌想了想，便答應下來。就這樣，顧心懌便留在了東營。他半開玩笑地說：「我這輩子跟油田有緣，恐怕攆也攆不走了。」

在人生的取捨與機遇面前，這是顧心懌又一次做出自己的重要選擇。這一選擇是顧心懌在勝利油田奮戰一生的開端。時至今日，他依然為當時的決定感到欣慰。

第六章

初露鋒芒

在前往東營工作之前，顧心懌在濟南華北勘探處工作期間，也透過不斷的學習和實踐，快速提升了自身的專業技能。

華北勘探處領導一直非常注重年輕技術人才的培養。處長靳躍華曾經是位紅軍幹部，他鼓勵顧心懌趁年輕、接受能力強，多學習技術知識，從而更好地滿足油田對技術人才的需求。

1957 年 8 月，山東工學院開設夜大招收青年職工。這是一種為在職人員安排的授課方式，僅在每週週六、週日和三個工作日的晚間上課。顧心懌看到學習的機會來了，便高興地報了名。由於基礎知識扎實，又進行過系統的練習，因此，顧心懌非常順利地考入了夜大。他選擇了夜大機械班，堅持學習了近三年。直到後來工作調動到東營，才只能遺憾地提前結束了夜大的學習。

除了在夜大學習理論知識，顧心懌還透過在軍工廠實踐等方式不斷提升自身技術水平。

坐落在吉林長春的東北軍工廠，是一家有著上千人的製造和修理坦克發動機的工廠，在當時是一所對外嚴格保密的軍工企業。石油工業部曾抽派石油系統具備機械技術專長的人員前去進行實踐鍛煉。顧心懌作為被抽派的技術人員之一，前往東北軍工廠參加了培訓。他們被統一安排在一個大工廠裡，分成若干小組分別跟流水線上的技師學習拆卸發動機。

軍工廠的技師都是技術熟練的專業機械師，他們輕車熟路地示範操作，顧心懌與其他學員一絲不苟地認真學習。從整臺機器拆卸開始，到清洗、修復、更換零部件，最後組裝整機，顧心懌透過認真觀察與一遍遍反覆練習，用遠多於一般學員的時間，詳細思索設備構造和發動機的工作原理，並多次嘗試排除設備系統故障，從而逐漸掌握了許多理論知識和實踐技能。持之以恆的學習過程，使他

對設備的感知度顯著提升。

與此同時，石油勘探的大部隊正在華北平原如火如荼地開展會戰。顧心懌在結束了軍工廠的實踐培訓後，重新返回工作崗位，開展井場設備維護工作。

在長時間、大跨度的勘探施工過程中，每當勘探井場出現設備故障時，大家總能見到顧心懌參與維修的忙碌身影。

有一年冬天，華北平原剛剛下過一場大雪，天氣特別冷。正在施工的鑽井隊柴油機突然出了問題，鑽井隊值班幹部只好透過調度向顧心懌求助。

當時，顧心懌在離井場五十公里外的地方，剛剛結束一天的繁忙工作，正在屋裡吃著晚飯。聽說井場的情況後，他馬上放下手中的碗筷，準備動身往井場上趕。身旁有同事勸他：「天都這麼黑了，路上危險，等明天再去也不遲。」可顧心懌考慮到井場的故障大都比較緊急，便說：「沒事的，我年輕身體好，早點去處理完故障，省得井隊職工著急。」

於是，顧心懌顧不上吃完晚飯，披上一件棉襖連夜就往井場趕。天寒地凍，道路上的雪還沒有完全融化，寒風一吹，冷得刺骨。他深一腳淺一腳，一路跌跌撞撞地往前走，路上幾次不小心摔倒，但他全不在意，翻身爬發揮後又開始匆匆趕路。顧心懌步行到達鑽井隊時，已是深夜十二點多了。井隊工人見到顧心懌，像是盼來親人一般，既興奮又感動，感到終於有了主心骨。

顧心懌看出大家心中焦急，便顧不上擦去身上的泥雪，迅速投入到緊張的搶修工作中。他趴在設備上左聽聽右瞧瞧，用工具反覆拆卸、組裝，忙得滿頭大汗，寒風一吹，刺骨得涼。經過兩個多小時的調試，他終於直發揮腰來對旁邊的人說：「發動一下試試看。」

工人一啟動，沒想到，這臺讓眾人一籌莫展的設備，又「突突突」地運轉發揮來，井場的工人們見狀興奮不已。

這樣的設備維修對於顧心懌而言已成為當時最重要的日常工作。無論哪個井隊設備出現問題，只要顧心懌接到任務，總會在第一時間趕往現場。一段時期內，他長年奔波在山東、河南、河北的井隊之間。

華北勘探處的油井大都位於偏遠地區，道路曲折難行。在當時交通極為不便的情況下，顧心懌不怕苦累，少則一天徒步二三十公里，多則步行近五十公里趕赴鑽井隊。許多次，等他氣喘吁吁趕到井場時，天色已晚，他卻顧不上休息，立刻進入工作狀態。許多在別人看來十分棘手的故障，顧心懌都能憑藉過人的技術妥善修理好。井隊工人對這位技術精湛的小夥子十分讚許，並對他寄予厚望。

顧心懌機械設備維修的精湛技術，來自他持續不斷的學習和探索。久而久之，只要井上發生無法排除的重大機械故障，大夥總會不約而同地想到顧心懌。

有一次，一支鑽井隊的 B2－300 柴油機突然出現了故障，熟悉機械的技術人員查找故障原因後，調試了兩天，依然沒有進展。隊長非常著急，便打算找顧心懌來試一試。

顧心懌那天正巧身體不舒服。但接到通知後，他依然第一時間出發，長途跋涉趕往井隊。那一天，北方的太陽似乎特別毒辣，大地像是被烘烤一般，顧心懌一路汗流浹背地趕到井隊現場，連水都沒有顧得上喝一口，就徑直去了施工場地。

井上幾個技術工人眼巴巴看著匆匆趕來的顧心懌，現場一片寂靜。顧心懌先是安靜地觀察了一會兒，然後在其他幾位工人的配合

下進行了一系列檢測，終於找到了問題的根源。隨後，他開始對設備進行調試。調試完畢，當工人再次嘗試啟動柴油機時，只見一陣轟鳴後，機器成功發動發揮來－－故障解除了！工地上響發揮一陣歡呼聲。

　　1959 年，由於顧心懌在技術現場出類拔萃的表現，年僅 22 歲的他被評為山東省青年社會主義建設積極分子，這是他人生中第一次獲得省部級榮譽。如此年輕便獲得這樣高的褒獎，實屬不易。

第七章

邂逅愛情

1959 年，華北勘探處成立了機械修理工廠（後改為機械修理廠）。工廠內共有三十多名技術工人，共同承擔華北勘探處所有的機械加工、汽車修理、鑽機和發動機修理等任務。工廠當時的負責人是抗日戰爭時期曾馳騁疆場的老八路張雲。這是一位非常愛惜人才的領導，在得知顧心怿在機械方面有獨特的天賦後，便設法把他從石油勘探處機關「挖」了過來。那時候，有工程師的單位非常少，技術員在一線十分搶手，而顧心怿又是技術人員中的佼佼者，先後在機械修理工廠和作業現場處理了多發揮設備突發故障，逐漸成為小有名氣的技術權威。

機械修理工廠附近，有一家濟南糧店。有一天，顧心怿工餘時間路過這家糧店時隨意走了進去，想看看裡面碼放的貨物。而站在櫃臺後面的一位眉清目秀的姑娘卻吸引住了他。姑娘聲音甜美，舉手投足十分得體。當姑娘問顧心怿要買什麼時，他支支吾吾地搪塞著，心跳加速，臉頰發燙，一時竟緊張地回答不出來——這大概就是人們常說的「一見鍾情」吧。

顧心怿當時還是個靦腆的大男孩，面對自己心儀的女孩子，一時找不到適合的表達方式，只是暗暗記住了女孩工牌上的名字——李巧雲。

回到單位，李巧雲的一顰一笑，一直都在顧心怿的腦海中縈繞。直覺告訴他，自己已經在心裡面悄悄愛上了這個姑娘。因此，顧心怿思量著尋找適當的機會，向姑娘表達自己的愛慕之情。

顧心怿又接連去了幾次糧店，可每次見到李巧雲後，都感到十分羞澀。發揮初，李巧雲感到這個小夥子挺可愛，每次同她聊天總是欲言又止的樣子，然而次數多了，似乎也隱約感到他對自己有好感。儘管顧心怿在機械技術方面有過人的天賦，但在愛情方面，卻表現得有些木訥和畏手畏腳。

單位裡熱心的同事幫他出主意，讓他抓住時機，主動出擊，才不至於被動。油田工作流動性強，如果這次不好好把握機會，恐怕

以後就要錯過了。

　　顧心懌又透過多方打聽，了解到李巧雲的老家在山東章丘，父親在濟南工作。李巧雲比顧心懌小六歲，還是單身，是家中長女，共有兄弟姐妹四人。

　　在了解李巧雲的基本情況後，顧心懌準備正式開始追求她，他想，既然不好當面說出來，不如就用文字向她表白。於是他終於下定決心給姑娘寫了一封信，傾訴自己對姑娘的鍾情之意。這是顧心懌第一次也是唯一一次寫情書。他字斟句酌反反覆覆修改了許多遍，才終於寫完這封情書。當他情真意切的文字幾經輾轉被悄悄遞到李巧雲手中時，李巧雲臉紅心跳。一段時間後，顧心懌又鼓發揮勇氣約李巧雲到大明湖畔散步聊天，兩人聊人生理想，聊革命路線，愈聊愈投機。就這樣，兩個年輕人不知不覺地走到了一發揮。

　　李巧雲的父母得知女兒在同一名石油工人戀愛時，他們表示堅決反對。那時候，油田給人的印象是一年四季在野外奔波，工作居無定所，生產條件非常艱苦。無論從哪個方面看，條件都很不理想。誰願意把自家的女兒嫁去過苦日子呢？

　　雖然兩人的感情發揮初沒有得到李巧雲父母的認同，但顧心懌沒有輕言放棄。他準備登門拜訪李巧雲的父母。那個年代買不到像樣的禮物，顧心懌便省吃儉用，用省出來的糧票買白面饅頭當作禮物送到李巧雲家中。儘管屢次吃到閉門羹，但顧心懌十分執著，默默用行動改變李巧雲父母對他的看法。

　　看到小夥子如此痴情，而自己的女兒也對他情深意篤，李巧雲的父母不禁動搖了。於是，便託人到顧心懌的單位打聽他的情況。這才了解到，無論領導還是職工，對他的評價都很高。大家評價顧心懌「雖然在大城市里長大，卻很能吃苦，愛鑽研，技術強，有擔當，有進取心」。單位同事的評價令李巧雲的父母對顧心懌逐漸產生了些許好感。雖然李家原本是想給女兒找一個條件相對寬裕、可以過安穩生活的婆家——這對於愛女心切的父母而言是人之常情，

但當了解了顧心怪的情況後，他們逐漸認可了兩人的戀愛關係。

在那個自由戀愛還比較少有的年代，顧心怪敢於衝破世俗的藩籬，一心一意追求自己的真愛，足可見其過人的膽識和執著。

得到李巧雲父母的許可，兩人正式確立戀愛關係後，顧心怪給上海的父母寫了一封信，告訴了他們自己和一位山東姑娘戀愛的消息。父母得知後很高興，表示全力支持兒子的選擇。他們回信說，要好好和女孩相處，要照顧好身體。隻言片語，卻讓遠離故鄉的顧心怪感到無比溫暖。

1961 年年初，東營勘探發現石油後，指揮部的領導希望顧心怪留在東營工作，與當地職工一發揮組建機修廠。面對領導的好意挽留，顧心怪心中多少有些遲疑──他擔心這一走，同李巧雲的戀情可能會受到影響。領導看出他有顧慮，便向他詢問了情況。知道事情原委後，領導首先透過組織了解了李巧雲的家庭情況，得知女孩家庭成分沒問題後，便鼓勵顧心怪好好珍惜這段緣分，儘快登記結婚。

得到領導的批准後，顧心怪立刻從東營生產現場趕回濟南，計劃與李巧雲商量結婚的事宜。

雖然這令李巧雲感覺有些唐突，但透過一段時期的交往，她認為顧心怪為人正直、善良，工作認真負責、積極進取，內心已對他十分認可。只是這樣貿然提出結婚，父母是否能同意呢？李巧雲感到有些擔心。

顧心怪思前想後，決定鼓發揮勇氣到李巧雲家中登門提親。李巧雲的父親雖然平時比較嚴肅，卻是非常通情達理的人。雖然捨不得自己的女兒遠嫁外地，但看到兩個年輕人感情深厚，顧心怪為人樸實，對李巧雲也是真心相待，於是便答應了他們的婚事。

當年 5 月，顧心怪在單位開了結婚證明，買了花生、瓜子、糖果，邀請了 20 多位工友聚到一發揮。就這樣，在親朋好友歡聲笑語的祝福中，顧心怪與李巧雲舉行了簡單而喜慶的婚禮，自此相伴

顧心懌
傳

一生。

　與此同時，在他們即將前往生活數十年的東營，一場轟轟烈烈的石油勘探會戰，正在黃河入海口全面展開。

第八章

艱難歲月

東營地處渤海之濱，位於山東省東北部、黃河入海口的三角洲地帶。1960 年，那裡還只是廣饒縣辛店公社的一個小村子，當時大家都不曾想到，就是在這個小小的區域，一年後會發生翻天覆地的巨變。

1961 年 4 月 16 日，在東營地區勘探的華八井，經監測發現了油氣顯示，自此拉開了這裡的勘探會戰序幕。

石油工業部迅速從大慶、江蘇、湖北等地的各主力油田抽調部分隊伍支援東營地區的油田建設。當時，那裡被稱為山東的「北大荒」——很多地方荒無人煙，一望無際的鹽鹼地上白茫茫一片，不見一棵莊稼的影子。

顧心怿從濟南來到東營時，走在鹽鹼灘上，感覺這裡的風特別大，而且比當初在大西北的風還要硬得多。大風颳來，人獨自走在這茫茫的荒原，極容易迷失方向。他回憶道：「因為靠近大海，這裡一年四季似乎總有刮不完的大風。若是順風行走，人基本不用費勁，大風就推著你往前輕飄飄地跑；若是逆風而行，那就比較困難了，要躬著身體往前進，有時好不容易進一步，又被大風颳著退回兩步。」

從全國各油田抽調的大部隊到達這裡時正值三年困難時期，全國各地群眾的生活都很困難，東營地區的生活更是捉襟見肘。當地老百姓住的都是土房屋，又矮又潮濕，因為缺少糧食，經常要靠野菜和草籽充饑。各油田來的支援隊伍，從領導小組成員到普通工人，都分散借宿在東營、西營等村中老鄉的泥巴房及馬棚、牛棚裡。即便如此，隨著前來支援的工人越來越多，許多工人依然無法安置，油田只得安排他們住在附近村民家廢棄的羊圈、豬圈裡。

冬天的晚上，參加會戰的工人擠在一個棚子裡睡覺，牆壁四面透風，西北風夾著雨雪直往被子裡灌，凍得人瑟瑟發抖。吃不好睡不安，日常工作量卻很大，許多人得了水腫病。到了夏天，北方的氣候變化無常，陰雨天氣屋外下發揮瓢潑大雨時，屋裡則淅淅瀝瀝

下發揮小雨。每當此時，大夥兒便七手八腳找一些盆盆罐罐接雨水。隨著雨水「叮叮咚咚」敲打盆罐的節奏聲，有的職工用筷子邊敲打飯盒，邊哼發揮小曲，大家一發揮苦中作樂。沒有乾淨的飲用水，他們就收集流在坑裡的雨水。這水又鹹又澀，經過沉澱後依然渾濁不堪，煮開後表面還漂著許多小蟲，他們只得簡單用紗布過濾一下，再沉澱後，才硬著頭皮喝下。即便在如此艱苦的環境中，顧心懌和同事們依然堅持奮戰在生產一線，哪裡的井隊設備需求維修，他們就會儘快趕赴哪裡。修理鑽機、發動機，製作固井和試油用的各種配件……他們一次次出色地完成了搶修任務。

工作調動到東營地區之前，顧心懌曾跟隨單位領導參加大慶石油會戰萬人誓師大會。大會主席臺設在露天曠野中臨時搭建的平台上，近萬名幹部工人參加此次大會，場面壯觀，盛況空前。會上，王進喜作現場發言。這是顧心懌第一次見到王進喜，只見他用濃重的西北口音說道：「……環境再苦，有條件要上，沒有條件也要上！」（後來被總結為「有條件要上，沒有條件創造條件也要上」。）王進喜個頭雖然不高，聲音卻非常洪亮，讓顧心懌感到很震撼。他想，這才是當代石油工人楷模。

與大慶油田相似，東營地區的生產條件也非常艱苦，但是奮戰在這裡的石油工人積極發揮「有條件要上，沒有條件創造條件也要上」的會戰精神，勘探方面每天都不斷有新的發現和進展。

東營地區地下與地面情況都十分複雜，勘探開發的難度遠超當時人們的想像。然而，參與會戰的工人們仍然做到了井位定在哪裡，鑽機就打到哪裡，後勤保障就跟進到哪裡。設備連軸轉，人歇機不歇，現場機器出現大大小小的故障已是常態，機械維修技術人員隨時處於蓄勢待發的緊張狀態——一旦接到搶修任務，即便是正在吃飯、睡覺，他們都必須毫不遲疑地第一時間趕赴事故現場。顧心懌回憶道：「那時候的人們只有一個樸素的想法，就是齊心協力、千方百計保上產，多產石油才能多為國家做貢獻。」

　　會戰進入白熱化階段時，現場糧食短缺，為了堅持勞動生產，顧心懌和同事們不得不用棉籽餅充饑，「咬一口，喇得嗓子疼，吃得兩耳直髮鳴。」這在今天看來讓人難以置信的伙食，卻成為那時候奮戰在生產一線石油工人賴以生存的口糧。有的工人因營養不良虛脫了，還有一些人實在難以忍受這份辛苦，便擅自脫離崗位回老家去了。發現油田隊伍開始出現不穩定的苗頭後，指揮劉南很快趕到現場，做職工的思想工作。他苦口婆心地對石油工人講：「國家和油田困難只是暫時的，請大家相信，我們離大海近，將來發展只會越來越好，有魚有蝦吃，同志們一定要有信心！」

　　雖然顧心懌小時候家庭條件並不寬裕，可像眼下如此困難的境況，還從未經歷過。有一次，顧心懌從井場下班回到基地時已經很晚了，食堂的飯所剩無幾。這時，他看見一位女同事剛吃完飯，把剝下的地瓜皮放在餐桌上便離開了食堂。饑餓難耐的顧心懌看四下無人，便顧不上面子，趕緊跑過去撿發揮地瓜皮吃了發揮來。沒想到正吃著，出門不久的女同事返回來找自己落下的東西，剛好看到眼前這一幕，兩人一時間都尷尬地不知說什麼才好。過了一會兒，女同事見顧心懌一臉窘迫，便衝他笑笑，從口袋裡掏出飯票勻了一些給顧心懌。顧心懌反覆推辭，可女同事堅持稱自己飯量小、糧票用不完，最終硬塞給顧心懌後便離開了。

　　然而，就是在這樣極其艱苦的歲月裡，對石油事業的奉獻精神和對未來的憧憬，成為支撐石油工人持續奮鬥和前進的動力。顧心懌堅持與工人們一發揮搞技術革新，先後成功試製出了第一個500米鑽頭和第一個1000米鑽頭。

　　婚後的顧心懌在東營工作一段時間後，妻子李巧雲風便從數百公里外的濟南趕來看望他。到達東營之前，在李巧雲心裡，偌大的油田基地應該是一個像模像樣的工廠。然而，到達東營後，李巧雲看到的卻是一幅荒涼的景象：這哪裡是工廠啊，連個圍牆都沒有！一望無際的白茫茫鹽鹼灘上，寒風瑟瑟，蘆葦枯黃，唯有抽油機和

鑽井架隨處可見。在機器的轟鳴聲中，渾身油泥的油田工人成群結隊地在荒野的鑽井架和抽油機旁忙前忙後。望著眼前的一切，李巧雲忍不住落下淚來。

在東營生活的一段時間裡，她看見丈夫一天到晚在井隊上忙碌，有時不得不步行幾十公里上井場維修機器設備，衣服髒了沒時間洗，趕不上飯點就啃冷冰冰的窩頭，感到十分心疼。她對顧心懌說：「既然你不願意離開這裡，那我就調過來吧，這樣也方便照顧你的生活。」顧心懌嘴上答應下來，心中卻是百感交集。那時候，調動工作並非易事，而且李巧雲屬於從地方轉調企業，人事檔案調動難度更大。因此，她乾脆辭掉了濟南的工作，到油田當發揮了「合約工」。當時油田沒有現成的房子住，他們夫妻兩人只能暫時分居。

1962年9月23日，位於東營地區的營2井突然發生井噴，井隊只能緊急組織實施放噴措施。然而，這是一口高產井，日噴原油約五百噸。放噴時，油氣壓力非常大，原油溢向四野，遍布溝壑。如果現場稍不留神碰出火星，場面便有失控風險，地下竄出的「油龍」會如火山噴發一般，讓整個井場周圍瞬間化為烏有。緊張的氣氛讓人喘不過氣來，顧心懌和工人們渾身上下都是油泥，小心翼翼地用鐵鍬圍土堰攔截原油，幹部職工一發揮揮汗如雨，齊心協力奮戰了一整天，才終於化險為夷。顧心懌與大家一發揮經歷了一場生死考驗。

在前線生產調度室召開各路生產協調會時，華東石油勘探局局長劉南及時趕到了現場。他向大家分析了油田當前的勘探形勢，又專門做了具體的工作部署。劉南作風扎實，工作節奏很快，在下達完工作要求後，向大家傳達了一個好消息：石油工業部決定撥款在東營建設一部分房屋，解決會戰時期部分工人的居住問題。

同樣是在這一年，東營地區的石油工人們經過饑餓的煎熬和會戰的洗禮，初步打開了勘探局面。顧心懌也在工作中不負眾望，以出色的工作表現和工作業績，接連獲評機械廠先進工作者、東營指

揮部先進工作者、華東石油勘探局先進工作者和上海市工業先進工作者等榮譽。離開家鄉多年的顧心懌，在 1962 年年底出席了上海市群英會，這令家人感覺到十分驚喜——在外工作這麼多年，他竟然獲得了家鄉的榮譽！

1963 年，油田開始考慮為即將組建的機械修理廠選址，並將這個任務交給了顧心懌。由於油田設備分散在荒郊野外的各個鑽井隊，而鑽井隊又是流動的隊伍，因此，機械廠只能選擇一個相對適中的位置，這樣既方便附近單位的設備維修和更換，又能確保原材料運輸便捷。

前期，顧心懌帶著幾個同事跑現場，沿東營村一直往南找場地。他們一路用木桿作標記，尋找到了一處地勢比較高、附近有水源的地方，並在那裡搭建發揮六頂帳篷，將車床等機械設備全部放置在帳篷內。由於沒有水泥，他們只能用方木固定機器，然後從外地買來磚頭、瓦塊，壓實油氈紙作為帳頂。他們就這樣在沒有條件的境況下，自己創造條件，在鹽鹼地上搭建發揮了「廠房」。這間看發揮來比鑽井工人野外露天作業條件好得多的「廠房」，終於可以讓機械修理廠的工人不再經受風吹雨打之苦。

顧心懌在一線忙碌工作，妻子李巧雲在基地照顧他的發揮居，生活雖然艱苦，卻也幸福和美。1963 年 9 月，顧心懌的大女兒出生，取名顧秋紅。孩子的出生給這個年輕的家庭帶來了新的歡樂，只是顧心懌在繁重的工作之餘，卻沒有多少時間和精力去照顧妻子和女兒。他雖品嚐到了初為人父的欣喜，卻在經歷短暫的歡喜後，又重新投入到科學研究項目中。

1964 年春天，河流的冰還未完全解凍，東營地區石油勘探等級持續提升，大家參與勘探會戰的熱情也逐漸高漲發揮來。為適應東營地區大規模石油勘探會戰的需求，石油工業部正式組建華北石油勘探會戰指揮部，鑽井隊迅速增加到 15 個，原油生產建設已經初具規模。

顧心懌總能在油田生產建設的關鍵時刻，展露出他過人的技術才能。會戰剛開始不久，東營地區打出了第一口千噸井——坨7井。準備放噴時，單位接到上級通知：第二天石油工業部領導要帶領相關部門負責人到井場參觀，準備召開現場慶祝大會。而偏偏這個時候，井上突然遇到了麻煩——井口流量計壓力表接口出現了問題，油井生產不得已暫時停了下來。

怎麼辦？隊幹部急得團團轉：「石油工業部的領導馬上就要來現場參加慶祝活動了，在這個節骨眼上出現問題，這份責任誰承擔得發揮？可千噸井井口壓力相當大，安全風險等級高，稍有不慎就容易釀成重大事故。如果因為強制生產而出現安全事故，這責任誰又負擔得了？」情急之下，隊長趕緊讓人找顧心懌幫助解決困難。

顧心懌接到通知後，立即匆匆趕到井場。他小心翼翼地測量了井口尺寸，馬上在現場繪出圖紙，交給負責人組織人員連夜加工、製作、安裝壓力表接箍，這才終於重新啟動了坨7井的生產設備。等做完這一系列工作時，離召開慶祝大會只有不到八個小時了。隊長拉著顧心懌的手，一時感激得不知說什麼好——現場人人都知道這口高產油井的重要性，如果沒有顧心懌救場，將很難保證油井順利放噴，慶祝大會更是無法如期召開。

這一年，石油工業部首次批准了華北石油勘探指揮部七個工程師名額，顧心懌名列其中，成為第一批石油機械工程師之一。在那個專業技術人員十分稀缺的年代，「工程師」成為技術序列中「含金量」很高的職務。顧心懌感受到了組織對自己的信任和鼓勵。

華北勘探處的第一口勘探井，第一口出油井，第一口千噸井……每一口都留有顧心懌的足跡；他一次次見證並參與了勝利油田初期勘探的許多個「第一」。彼時的顧心懌躊躇滿志，抱定自己在科技的道路上要創造更多個「第一」的信念，一步一個腳印地向既定目標不斷追求。

1964年8月，勝利油田剛成立的試采指揮部急需補充一名機械

技術人員，顧心懌因此又被組織部門從機械修理廠調到試采指揮部。

油田試采指揮部簡易工房周圍地勢低窪，「晴天白茫茫，雨天水汪汪」。油井大都分散在永安、勝坨一帶，自然環境異常惡劣，交通條件也很差，技術人員去井上維修設備，不僅要徒步前行，很多時候還要蹚過一道道水窪，才能抵達現場。

1965 年，石油工業部分別從大慶、玉門、新疆、四川等地的油田抽調大批鑽井人員會師東營，華北石油勘探會戰總指揮部成立了九二三廠鑽井指揮部，鑽井隊增加到 40 個。東營會戰取得勝利後，又在「通、王、惠（即通濱－王家崗－惠民）」組織了大規模的石油勘探會戰。這次會戰對於擴大勘探成果，打開華東「戰區」新局面具有重要意義。會戰工委十分重視，石油工業部副部長康世恩親自坐鎮指揮，要求「會戰一百天，全力拿下大油田」。

這一年，勝利油田試采指揮部實行組合分離，分別成立了井下作業處和採油指揮部，顧心懌被分配到採油指揮部剛成立的技術攻關隊，從此正式進入油田科學研究系統從事研究工作。年底，顧心懌又被採油指揮部任命為技術攻關隊隊長，程學文任技術攻關隊的政治指導員。技術攻關隊由分配來的大學生、油田技術人員和工人組成，共有近三十人。顧心懌責無旁貸擔負發揮這支隊伍的組織管理工作。

同樣是在這一年，顧心懌終於分到了一間屬於自己的不到 15 平方米的簡易房，和妻子有了相對獨立的生活空間。簡易房的條件看發揮來十分寒酸，室內地面沒有任何鋪設，光溜溜的泥土地上泛著一層白花花的鹽鹼，地面上還有零零星星的小草露出頭來。家庭擺設也十分簡單，兩把長條凳子架發揮木板就是一張床鋪，舊箱子用磚墊一墊就可以當桌子用。即便如此，這仍然讓顧心懌和妻子感到幸福與滿足——他們終於有了自己真正意義上的家。直到現在，顧心懌依然認為那次分房，是他迄今為止最值得紀念的一次。

　　解決了住房的後顧之憂後，顧心懌愈發全身心投入到技術攻關中，團隊在他的帶領下，圍繞油田創業時期的生產技術難題，組織展開課題攻關，有效解決了當時許多急難險重問題。針對集油站工人每天罐上罐下測量液面，工作十分繁重的情況，顧心懌組織技術人員，運用氣動單元組合儀表調節爐子溫度，運用氣動儀表控制液面，使值班工人不必再爬到油罐頂上測量原油數據，有效降低了工人的勞動強度。

第九章

出師不利

走在勝利油田廣袤的原野上，隨處可見游梁式抽油機的驢頭上下發揮伏，有節奏地運動著。遠遠望去，儼然成為油田一道獨特的風景線。20世紀60年代，勝利油田使用的抽油機幾乎全是游梁式設計，透過不停地上下擺動帶動井下的抽油泵運轉，因此，人們形象地稱它為「磕頭機」。正是這些抽油機晝夜不息地作業，才將地下的石油匯聚到地面上來，為祖國的能源事業增添了源源不斷的動力。

顧心懌透過觀察發現，抽油機的外形貌似簡單，無論風霜雨雪還是嚴寒酷暑，不需求工人全天候值守，便能不知疲倦地日夜連續運轉，但事實上，它們的負載變化很大，而且行程長度都是固定的。「驢頭」上行時載荷很重，下行時卻是負載荷，上、下不斷變換，每天需變換萬次以上。因此，「磕頭機」具有消耗電能大、負載能力較小且比較笨重等缺點。油田很多技術人員也發現了這個問題，許多人躍躍欲試，想發明一款更先進的抽油機來替代這一產品。但幾經嘗試，卻都未能如願。

在機械設計領域裡，改進與創新，並非是僅僅依靠滿腔熱情就能達到的結果。作為一名油田基層科技工作者，顧心懌的優勢不單單是能夠發現設備存在的缺陷，更重要的是他在長期的一線實踐中摸索出了導致問題的原因，因而在尋求解決問題的辦法時有跡可循。

顧心懌已經記不清自己往井場跑了多少趟，每一次近距離觀察油井現場，都對游梁式抽油機有了更細緻的認知。他認為，要徹底改變這種沿用上百年機器的結構和性能，不僅要對設備的工作效能進行全方位的盤查，還要對設備的工作環境進行透徹的分析，只有這樣，才能有的放矢地找到設備的「病灶」，從根本上解決問題。

1966年年初，顧心懌萌發了重新研製一款新型抽油機的想法，這也是建立在他反覆思考和實踐基礎上的大膽設想。他將自己的想法告訴了技術攻關隊的成員，大家聽後都很亢奮，紛紛表示可以一試。

當時，勝利油田副指揮劉佩榮曾在一些公開場合提到，部分抽

油機運行過程存在問題，一定程度上阻礙了油田的生產發展，並鼓勵技術人員廣開思路，多做改進游梁式抽油機的技術工作，使其衝程長一些，從而多產出一些原油。

現實需求與顧心懌的想法不謀而合。有勝利油田領導的大力支持，技術攻關隊成員的共同努力，顧心懌感到心中更有底了。他很快就組織攻關隊的年輕人開始編制方案、繪製圖紙……他們一遍遍往返井場核對數據，夜以繼日地反覆修改草圖，一發揮討論方案完善意見，仔細查找閱讀相關資料……

功夫不負有心人，經過技術攻關隊成員不知多少個日夜的奮戰，顧心懌終於帶領大家設計完成了第一臺絞車滾筒式抽油機。

但是現場試驗效果如何呢？還需求經過實地檢驗，才能得出結論。

第二天，顧心懌透過調度安排車輛，將設備模型運送到試驗現場，採油隊工人興高采烈地圍在井場上等待設備運行。可誰知設備剛一開機，只聽「噗通」一聲，便停止運轉了。周圍看熱鬧的人群一片騷動，甚至還傳出了嘲笑聲。技術攻關隊的隊員們見狀面面相覷，不知如何是好。

顧心懌更是一頭霧水。想到攻關隊的成員們陪自己一發揮白白辛苦了這麼多天，他回到實驗室裡，沮喪得默默流下眼淚。

接下來的很長一段時間裡，顧心懌都感到苦悶徬徨、精神不振，一度對自己的技術能力產生了質疑。這一狀況被現場的一位老工人看在眼裡。他對顧心懌說：「小夥子，幹事情哪有不出差錯的？我們工人在井上還經常磕磕碰碰的呢。你幹的是大事，別怕出問題！」

老師傅一番質樸的話語讓顧心懌感到稍許安慰。作為項目的發發揮者和組織者，他意識到自己的言行對他人的影響是很大的，如果自己先洩氣了，其他人該怎麼辦？不能僅僅因為一兩次失敗，就這麼一蹶不振！顧心懌的目光長久地落在散亂的圖紙上，他使勁搖

搖頭：「絕不能這樣輕易言敗。儘管承擔這項工作有很大的風險和壓力，但無論如何都要打發揮精神來繼續做下去。一條路走不通，再找其他的路，『條條大路通羅馬』，只要堅持下去，總能到達目的地。」

於是，他又重新振作發揮來，一方面，他一遍遍查看模型存在的問題，認真分析失敗的原因，反覆修改圖紙；另一方面，繼續凝聚群眾的智慧，認真聽取經驗豐富的老師傅的意見，並及時將自己的想法與大家一發揮交流。

一個星期天的早上，天還沒亮，顧心怿顧不上吃早飯就去了辦公室。李巧雲知道，他肯定又在一邊啃著乾糧一邊畫圖——這是他多年養成的老習慣了。雖然有點怨他不顧家，但李巧雲心裡更多的還是對丈夫的牽掛和心疼。於是，這一天，李巧雲上午忙完家務、料理好孩子後便開始著手做午飯。她在鍋裡貼上黃澄澄的玉米餅子，還破例炒了兩個青菜。一切就緒後，她將飯菜擺放在簡陋的小圓桌上，耐心地等待顧心怿回家。

從中午十一點一直等到下午一點多，時間一分一秒地過去，等得飯菜都涼透了，卻遲遲不見顧心怿回家。女兒顧秋紅實在餓極了，伸出小手抓了好幾次玉米餅子，都被母親打了回去，後來索性等不及，趴在桌上睡著了。李巧雲連忙把孩子抱到床上，這時候，顧心怿才滿臉疲憊地回到家中。可是坐在飯桌前，他卻不動手吃飯，只是呆呆地看著玉米餅子。突然，他兩眼放光，用筷子插發揮其中一塊仔細觀察，並且比比畫畫，口中也小聲念叨著什麼。李巧雲看到他出神的樣子，感到又好氣又好笑，一把奪過顧心怿手中的餅子，「你這個人是中了什麼邪？」她邊說著邊把餅子塞到他口中，「快吃飯！」顧心怿這才回過神來，直說「好吃，好吃！」妻子見狀，忍不住笑出聲來——原來顧心怿是把玉米餅當作抽油機的驢頭，在思考改進技術呢！

就這樣，顧心怿為了研究抽油機的改進方案，幾乎達到了物我

兩忘的境界。他把生產現場當作石油工程科學技術的第一實驗室，反覆進行設想構思、模型試驗、參數優選……同時，他還特別注重向有經驗的現場工人學習。有一次，顧心懌同幾位工人聚在一發揮聊天，有位老師傅無意中說道：「我們農村老家用解放式水車抽水，水車能下到井裡抽水，但就是不能下到井裡抽油。」說者無意，聽者有心。就在旁人取笑這位老師傅異想天開時，顧心懌卻感到眼前一亮，彷彿突然找到了靈感。

顧心懌儘管沒在農村生活過，可他小時候卻在南方見過老師傅說的這種水車，水車鏈節在鏈條軌道上，運行時不斷地上下自動轉向，和他們設計的絞車滾筒式抽油機有相似之處。想到這裡，顧心懌感到茅塞頓開。

在不久後的技術攻關隊集體討論會上，顧心懌提出，能否將解放式水車的結構改進後，應用到地面上的抽油機中。大夥各抒己見，進行了熱烈的討論。就這樣，初步形成了鏈條式抽油機的設計方案。

4 月的北方大地本應春暖花開，而東營鹽鹼灘上依舊風沙漫漫。顧心懌帶領團隊成員將一臺剛剛設計好的鏈條抽油機安裝在營 1 井上進行運行試驗。當時，由於這臺抽油機的外觀是一根銷子橫跨在兩根鏈條上，看來顯得比較笨拙，大夥戲稱其為「二牛抬槓」。

隨著抽油機的運轉，油井開始緩緩出油，現場職工的情緒也越來越高漲。然而，僅僅在這臺設備運行三天后，鋼絲繩便斷裂了，更換完鋼絲繩，設備又繼續運行了不到兩週，便再次因鏈條和銷子相繼損壞而徹底宣告報廢。接二連三的打擊，讓顧心懌陷入更深的苦惱和反思之中。

透過反覆檢查和思考，顧心懌發現了這臺試驗設備測試性能的缺陷，並初步提出了改進後的鏈條式抽油機工作原理。正當他再次鼓發揮勇氣準備繼續開展鏈條式抽油機設計試驗時，世間風雲突變，1966 年 7 月，「文化大革命」波及勝利油田。正在苦思冥想進行

項目革新的顧心怪被「造反派」剝奪了開展技術研究的權利，鏈條式抽油機革新項目被迫中斷。

在此期間，相比於之前夜以繼日的忙碌，顧心怪有了更多的空閒時間。他沒有因此消沉，而是借來大量書籍、資料，白天學習，晚上在家中繼續研究改進鏈條式抽油機。很多工友感到不解：「都什麼年代了，大家都在抓革命促生產，誰還看書呀？」可顧心怪不在意別人怎麼說，他認定知識是不會浪費的，自己要有屢敗屢戰的精神，繼續開展科學研究攻關。

終於，到了「文化大革命」後期，勝利油田的生產建設逐漸恢復，顧心怪重新走上科學研究工作崗位。他愈發如饑似渴地投入到鏈條式抽油機的研究工作中，一度到了廢寢忘食的程度。

有一次，妻子李巧雲週末倒班不在家，便囑咐顧心怪在家照顧當時年僅 4 歲的兒子顧小勇。顧心怪讓兒子在一旁玩耍，自己又開始埋頭研究設計圖紙。顧小勇順手拿發揮母親放在不遠處的縫衣針，淘氣地放在爸爸嘴邊。正在全神貫注畫圖的顧心怪毫無防備地張開嘴，一口將縫衣針吞了下去。待感到腹中疼痛時，才意識到居然發生了如此危險的事情。他連忙趕去醫院，醫生檢查後發現了他腹中的縫衣針，建議他先吃些粗纖維的食物，如果次日不能將針排泄出去的話，再考慮手術。直到第二天縫衣針被排出體外，一家人懸著的心才終於落地。

這一場虛驚自然不會打消顧心怪改進抽油機的積極性。他繼續在解放式水車原理的啟發下試制鏈條式抽油機樣機。反複試驗後，他將抽油機鏈條換向改為軌跡鏈條－滑道機構，又將重塊平衡改為液封氣動平衡，實現了這兩處核心改造後，鏈條式抽油機整體性能得到了顯著提升。

1973 年，勝利油田研究所成立，鏈條式抽油機研究重新立項。此時，顧心怪對鏈條式抽油機的改造設計已基本完成。又經過兩年的試驗和完善，設備完成了初步鑑定——由我國科學研究人員獨立

設計發明的鏈條式抽油機在油田成功應用！這項成果於 1978 年獲得全國科學大會獎，於 1980 年獲得國家發明獎二等獎。在此後的數十年裡，這一設備在油田得到了廣泛應用，創造經濟效益達數億元。

美國《世界石油》雜誌曾在一篇文章中寫道：「在勝利油田，我們驚奇地看到了中國工程師自主設計的鏈條式抽油機。」後來，美國也引進了這一設備，並以此為基礎同中國建立了合資公司。僅對這一設備稍加改進後生產而成的抽油機，在國內外油田的應用量便已達數萬臺。

第十章

援助國外

1969 年 4 月的一天，勝利油田軍宣隊的一位同事突然找到顧心懌，氣喘吁吁地告訴他，剛接到石油工業部軍事管制委員會（簡稱軍管委）的通知，要求顧心懌儘快動身去北京，但至於具體什麼事情，他也不太清楚。

顧心懌心裡有些納悶，自己一直在安分地接受「改造」，並沒有做任何出格的事情，怎麼會忽然被軍管委盯上呢？在這個特殊的時期，他感到有些惴惴不安。儘管如此，顧心懌還是根據軍管委的要求趕到了北京。沒想到負責接待的工作人員很熱情地將他帶到辦公室，和顏悅色地告訴他，受社會主義國家阿爾巴尼亞的邀請，石油工業部準備組織鑽井取芯工具專家組前去技術援助。軍管委從年齡、專業、政治面貌、婚姻狀況等各方面進行了層層篩選，認為顧心懌年輕、是共產黨員，在校期間學過機械專業，又懂俄語，在取芯工作方面有自己獨到的研究成果，十分符合外援要求。因此，計劃安排顧心懌和另外兩名技術人員組成專家小分隊，前往阿爾巴尼亞幫助其解決技術難題，培養專業人才，進而增進其與中國的友誼。

同年 8 月，顧心懌在接受了短期的外事紀律培訓後，準備踏上前往阿爾巴尼亞的征程。能夠作為油田第一批專家走出國門實施技術援助，這是他此前不曾想到的。想想十餘年前，自己還曾作為翻譯為來華的蘇聯專家服務，而如今卻要代表祖國去援助其他國家，因為這種跨越而產生的民族自豪感不言而喻。

臨行前，軍管委給小分隊的三位專家各自購置了兩套服裝。顧心懌的妹夫王國丙在遼河油田擔任技術幹部，當時恰巧也在北京。聽說姐夫準備出國，便專程趕來送行，並把自己的手錶送給了顧心懌，希望他能夠更好地展現中國技術專家形象。

揮手告別前來送行的親朋好友，他們一行三人登上了前往阿爾巴尼亞的飛機。由於當時中國還沒有自己的國際航班，顧心懌當時搭乘的是法國的航班，發揮飛前，乘務人員用英語介紹注意事項。

由於顧心懌不懂英語，在旁邊乘客的多次幫助下，他才按照要求系好了安全帶。這小小的插曲讓顧心懌印象深刻。

抵達阿爾巴尼亞後，對方非常熱情地接待了他們，將三人安排在史達林城。這是阿爾巴尼亞著名的石油城市，當時有 8000 餘名石油工人。在當地兩名專家的陪同下，顧心懌很快適應了作息時間，投入到科學研究技術工作中。

阿爾巴尼亞國土面積約 28748 平方公里，但生產油井大都分布在崇山峻嶺之中。為取全取準生產資料，顧心懌和其他兩位專家經常要翻山越嶺到現場實地勘察。他們耗時一個多月，終於完成了阿爾巴尼亞國內油井的資料收集工作，並結合當地地質條件、生產狀況，設計出了相應的取芯工具。生產製作該工具的過程中，由於當地原材料緊缺，施工進度延緩，他們不辭辛勞地前往阿爾巴尼亞多地尋找合金鋼及軸承等，克服重重困難後，終於製造完成了這臺取芯設備。在隨後的首次現場試驗中，這臺設備居然達到了取芯率百分之百的效果。這令現場的阿爾巴尼亞工作人員佩服有加——他們久攻不下的技術難題，終於在顧心懌等三位中方專家的努力下順利破解了！

當年 9 月底，顧心懌三人按照要求前往阿爾巴尼亞首都地拉那，向那裡的中國駐阿爾巴尼亞大使耿飈將軍匯報工作。在異國見到同胞，大家感到十分親切，興高采烈地一發揮談論各種見聞。耿飈將軍非常平易近人，高興地對他們說：「聽說你們的成果和事跡都被登上阿爾巴尼亞的報紙和內參了，不簡單呀！祝賀你們為國爭光！」耿飈隨後又詢問了他們在國外生活是否習慣等問題，並鼓勵他們再接再厲，爭取半年之內再完成一個項目，為社會主義國家提振士氣。

兩個多月後，顧心懌他們不負眾望，再次研製出一套長筒取芯工具，在當地深筒井上的試驗運用一舉獲得成功。在生產現場，阿爾巴尼亞工礦部部長誇讚中方專家精湛的技術水平讓人佩服，攻堅

克難的奉獻精神值得學習，感謝他們為阿爾巴尼亞的石油生產解決了大難題。顧心怪知道，這份讚譽，屬於祖國！

在阿爾巴尼亞工作的九個月裡，他們原計劃只完成一套取芯工具的設計生產任務，但在阿爾巴尼亞方的懇請下，顧心怪和其他兩位專家卻為他們成功設計製造出了三套適合不同條件下應用的大直逕取芯工具，完成了多項井上設備試驗。他們設計研製的取芯工具，被阿爾巴尼亞命名為「友誼牌」取芯工具，以此紀念中阿兩國的社會主義革命友誼。

回國前夕，顧心怪沒有時間給家人購買太多禮物，除去給妹夫買了一塊手錶外，僅給妻子買了一點布料和肥皂，給兒子買了一隻彩色皮球。顧心怪感覺有些虧欠兒子，回國後沒多久，他專門在工廠找來廢棄的鏈條片，為兒子製作了一副望遠鏡作為彌補，並想借此機會教育兒子動手能力的重要性。當他把做好的望遠鏡交到孩子手中時，小傢夥高興得又蹦又跳。

從阿爾巴尼亞回國後，顧心怪的處境發生了很大的變化。有些曾經批鬥他的人，再見面時態度緩和了許多。即便有些「造反派」還想無故找他的問題，單位軍宣隊的同志也會出面解釋：「顧心怪沒有問題，他響應毛主席的號召，抓革命，促生產。他是國家培養的專家，如果有問題，石油工業部怎麼會讓他去歐洲開展技術援助呢？」一席話讓「造反派」頓時啞口無言。

這種轉變，使顧心怪得以排除外界干擾，將更多的時間、精力用來學習和鑽研。當時的勝利油田僅在地質院有一座科技圖書館。顧心怪在那裡辦了一張借書證，一有空閒便前去讀書學習，僅在這一家圖書館借閱的圖書便達 260 餘冊。他將汲取知識作為終生鍥而不捨的追求，並為此付出了常人難以想像的努力，苦中尋樂，向著探知科學研究技術的山峰不斷攀登。

在此期間，顧心怪每當想發揮在飛機上因不懂英語而發生的「小插曲」，都覺得十分尷尬。他意識到，英語未來在國際交流中將扮演

越來越重要的角色，因此，下定決心自學英語。他開始四處託人幫助購買英語教材，然而，由於當時全國尚處於「文化大革命」期間，文化產品十分緊缺，書店中難以買到這方面的教材。直到後來他有一次到北京出差，空餘時間去逛舊書店時，意外發現了一套尋找了很久的英語教材，他如獲至寶，高興地買了書，然後又買了幾張英語唱片。回家後，他向朋友借來留聲機，一有時間就反覆播放英語唱片，根據音節反覆練習發音。他還將英語單詞記錄在隨身攜帶的小卡片上，候車、走路、排隊時，一有空閒就掏出來看看，鞏固記憶。就這樣，日積月累，顧心懌的口語水平和閱讀能力都得到了顯著提升。

1982 年，勝利油田晉升第一批高級工程師，按照國家規定，顧心懌作為進修過俄語且有大專文憑的技術人員，不需求參加英語等級考試。但他為了檢驗自己的英語水平，堅持報名參加了考試。那時，國家剛恢復高考不久，與顧心懌同齡的技術人員大都受「文化大革命」影響而荒廢了學業，考試成績普遍不太理想，而顧心懌卻取得了 90 分的高分，在勝利油田全體考生中位列第二，順利晉升為勝利油田第一批高級工程師。

隨著後來出國考察的機會增多，顧心懌愈發注重透過各種涉外交流的機會提升英語水平，聽、說、讀、寫能力不斷提升。

有一次出國開展技術交流時，他沒有帶隨身翻譯。外方講解員語速很快，但他還是能抓住空隙，用英語提出自己對問題的看法，並流利地同外方交流。當對方有人說錯了技術性較強的專業詞語時，他還能迅速用英語進行糾正。這讓對方很是驚訝：這個看發揮來貌不驚人的中國技術人員，不僅專業實力過硬，英語口語表達竟也能如此道地流利。外方許多專家對顧心懌心生欽佩，多次向他豎發揮大拇指。

後來，顧心懌還曾在北京召開的亞太地區海洋工程國際會議上，用英語流利地宣讀自己的技術論文，並遊刃有餘地與國外專家交流討論專業技術問題。

第十一章
走向蔚藍

大海是勇者的戰場。她波濤洶湧的體內蘊含了豐富的資源，等待人類去發現，去開發，去延續一個新的夢想。

其實，早在 19 世紀 90 年代，人們就開始在沼澤地帶尋找石油了。後來，隨著科學技術的發展，石油勘探活動開始由沼澤移至河流入海口和海灣地帶。

1963 年，海洋地質學家透過國家海洋科學考察，大膽推斷：「中國是世界上最寬的陸棚區之一。」20 世紀 70 年代，我國正式開始對南中國海進行石油勘探開發。勝利油田東臨渤海灣，沿海潮間帶面積達五千多平方公里，陸地連接海洋，地質學家分析認為，渤海海域同樣有油氣分布。因此，勝利油田準備組織物探力量向淺海進軍。

1974 年 11 月的一個晚上，石油工業部會議室燈火通明，余秋裡、唐克等領導正在聚精會神地聽取勝利油田會戰指揮部副指揮姚福林「關於渤海灣極淺海和淺海石油勘探前景評估方案」的匯報。匯報結束後，余秋裡就關心的問題進行了提問，姚福林逐一作答。最終，余秋裡滿意地點點頭，認可了勘探開發渤海灣的方案。

回到東營後，姚福林立刻召集人員開會研究部署相關工作，顧心怪作為鑽井工藝研究院的專家也參加了會議。會上，他篤定地表示，海上勘探風險巨大，需求他們不斷革新技術裝備，才能以較小的代價換取更大的效益。

此次會議後，勝利油田決策層把勘探開發的目光投向廣闊的沿海和淺灘，這是一片當時的採油設備還無法涉足的「禁地」。由於沒有先進的淺海鑽井裝備，鑽井人員只得將設備移位到儘量靠近大海的區域，然後再組織鑽探隊伍打井。

然而，一次突然登陸的風暴潮，讓勝利石油人領略到了大海的

凶悍。那一天，洶湧的海水瞬間淹沒了大片井場，鑽井工作被迫停止，為了保障工人生命安全，井隊幹部指揮現場員工迅速爬上井架，集體躲避海潮的襲擊。即便如此，這次突如其來的天災仍舊使油田遭受了重大損失。

海灘和淺海與陸地差別很大，沿用原來的勘探開發理念顯然是行不通的。不甘心向大自然屈服的石油工人因此又開始了新的抗爭——修築海堤。海堤擋住了潮水，像凸發揮的利劍一樣延伸進淺海區域。這些探進淺海的「利劍」，被油田工人稱為「樁」。

1974年年末，勝利油田鑽井公司厲兵秣馬，在黃河口以北的「五號樁」地區海邊一帶展開滾動勘探，成功獲得工業油流。渤海海域有油氣分布的理論因此得到了印證。

捷報傳來，鼓舞人心。勝利油田開始修築更多的堤壩，以擴展勘探面積。然而這種辦法只能用於潮汐區域，一旦涉及海區則不再適用。且修築堤壩需求耗費大量人力財力，難以長期滿足淺海勘探開發需求。半潛式、自升式鑽井船受吃水限制無法作業，陸上鑽機不能進入海上區域。重重阻力面前，勝利石油人如何才能更好地進入渤海灣地區進行勘探開發呢?

這一時期，顧心懌在新組建不久的勝利油田勘探開發工藝研究所(後改為鑽井工藝研究院)任礦機研究室主任，他的鏈條式抽油機項目已基本完成。聽到關於海上勘探開發的消息後，他決定找機會到現場去看一看。

1975年年初的一天，顧心懌搭上了一輛去海堤工地的汽車。沿途穿過孤島油田後，前方是一望無際的原野，只有一條土路和重重疊疊的車轍延伸到堤壩，在那裡依稀可以看見有密密麻麻的人群在勞作。車在彎曲的土路上又顛簸了很長一段時間，遠處終於隱約可

見水天一色的淺海，近處則堆滿雜木桿、葦箔、帆布、塑料布、油氈紙等修築堤壩的材料。

前方已經看不見有路了，顧心怿乾脆下車步行往海堤上走去。他看到民工們正在泥水裡堆築著大堤。沉重的腳步聲，急促的喘氣聲，手推車輪的滾動聲，匯聚在一發揮，瀰漫在遼闊的工地上。往更遠處看，很多人站在水裡人拉肩扛，用沙袋堆築圍堰，排水堆土，把大堤築進極淺海。百里大堤彷彿上演著一幅波瀾壯闊的「精衛填海」圖，場面很是壯觀。

這哪裡是工地，簡直是戰場，一場人類與大自然的戰鬥正在激烈地進行著！顧心怿被眼前艱苦悲壯而聲勢浩大的場面所震撼。

施工負責人向顧心怿介紹說，民工的勞動強度往往是超負荷的，加之他們暫住的窩棚裡無法保溫，一場北風襲來，天寒地凍，許多民工都凍感冒了。然而即便如此，不少民工仍堅持帶病出工，希望把堤壩修築好。聽到這裡，顧心怿不由得緊皺眉頭，心情十分沉重。

當天晚上，顧心怿徹夜難眠：不能再依靠這種人海戰術了，血肉之軀終究難以與大自然抗衡，人類想在咆哮的大海中勘探石油，還得依靠科技進步來改變現狀。於是，一個大膽的攻關設想出現在顧心怿的腦海中——他準備設計建造一款適用於勝利油田淺海勘探的坐底式鑽井船。

根據多年的技術探索經驗，他明白這個項目風險大、責任重——但科技的山峰總要有人去攀越，為灘海勘探研發新的技術、裝備，在顧心怿看來，是他作為科學研究技術人員的職責所在。於是，他下定決心啟動這一項目。

淺海造船，要求船體除具備常規船舶的特點外，還須適應在特

殊地段鑽井的要求。比如，船體自重輕、吃水淺、強度高，在風浪中要抗滑、抗淘空，等等。否則，即使造出鑽井船也無法實施打井作業。當時，坐底式石油鑽井船的設計技術由美國壟斷，在我國的發展尚屬空白。在油田組建了由顧心懌擔任組長的研發項目組後，缺乏主持海洋平台研製經驗的顧心懌決心與組員從零開始學習海洋學、船舶製造等相關專業知識。

他開始大量地閱讀海洋、船舶、鑽井平台等方面的書籍、資料。在聽說大港油田科學研究人員曾赴美國考察相關技術後，專程前往大港油田海洋指揮部交流學習，並借閱了他們帶回國的圖片資料。他仔細研究了國外坐底式鑽井船的設計特徵，結合勝利油田的現場情況進行了改進，加班加點完成了一套吃水特別淺、不用挖溝就能拖至岸邊極淺海區打井的鑽井船設計方案。

方案匯報至油田副指揮姚福林後，姚福林非常重視，親自組織相關專家對該方案進行了評估。參評專家對顧心懌牽頭設計的鑽井船方案給予了肯定，隨後，油田領導要求顧心懌及團隊成員繼續做好準備工作，並決定由油田副總工程師葉蛬庭帶領他們前往石油工業部作專題匯報。

由於交通不便，顧心懌一行趕到石油工業部時天已經很晚了。張文彬副部長和部有關部門的領導還在等待著他們。在聽取了他們的匯報後，與會領導對方案提出了幾條中肯的意見。顧心懌和同事聽後表情都有些凝重，感到項目修改難度很高，非一方之力所能為。

於是，他們又邀請了海洋指揮部、天津大學、華東石油學院的專家共同對設計方案進行了討論。會上，海洋指揮部的專家詳細介紹了他們在海上工作多年積累的經驗和教訓，尤其重點分析了顧心

怪團隊設計的平底沉墊遇到大風浪時存在的滑移風險問題，推薦他們採用多格拱形底沉墊的方案。在各方專家的熱烈討論後，石油工業部領導最終提出了指導意見：同意設計建造淺海坐底式鑽井船；優先考慮多格拱形底沉墊的方案；由勝利油田、海洋指揮部、天津大學、華東石油學院組成聯合設計組負責設計工作。

散會後，副部長張文彬又專門留下顧心怪及其團隊成員，想進一步了解有關情況。張文彬問顧心怪：「這麼重大的項目，你們有多大的勝算呢？」顧心怪語氣堅定地回答：「請首長放心，我們前期已經做了大量的調研和評估工作，至少有百分之八十的把握；而且現在又有您們的大力支持，只要充分預估困難，透過共同努力，我們有足夠的信心和能力完成這個項目！」張文彬又問道：「那你們所裡現在有多少人參與這項工作？」顧心怪實事求是地回答：「目前我們只有三個人。」「那怎麼行呢？這麼大的工程，人員必須配足，我馬上再給你們充實力量。」張文彬邊說著，邊撥通了石油工業部人教部門負責人的電話。當了解到當時石油工業部有 37 名海洋裝備專業應屆大學畢業生正等待分配時，他非常高興，將這批應屆生全部分配到顧心怪的團隊，參與鑽井船設計項目。

得到上級領導的支持後，顧心怪備受鼓舞。回到勝利油田後，他顧不上休息，立即組織新分配來的年輕技術人員投入到緊張的設計工作中。

鑽井船的設計工作全面啟動，船名暫定為「淺海鑽井船」。設計組分處兩地同時開展工作：海洋指揮部和天津大學組成船體和結構部分的設計組，在天津地區工作；勝利油田和華東石油學院組成石油專用設備和生活艙裝部分的設計組，在山東地區工作。

由於當時缺少現成的辦公設施，山東地區設計組的 45 名技術人

員只能在距研究所一公里外的兩棟油氈紙蓋頂的簡易房裡臨時辦公。艱苦的環境沒有磨滅大家開展科學研究工作的熱情，在顧心懌的帶領下，大家邊學邊干，邊研究邊設計，共同完成了大量圖紙設計工作，積累了許多寶貴的專業知識經驗。

1975 年 11 月，正當他們的設計工作進展順利，即將看到勝利的曙光時，一個嚴峻的問題突然從天而降——多格拱形底結構品質太大，吃水太深，坐底下沉的沖排泥設備很多，難以布置，且與船上石油專用設備衝突，這一狀況要求他們必須重新設計吃水較小的船體方案。

這意味著他們要徹底推翻前期的工作成果，重新開始設計研發，團隊成員們內心的掙扎可想而知。但是科學技術必須尊重客觀現實，他們不得不忍痛割愛，著手設計全新的鑽井船方案。

然而，問題一波未平，一波又發揮。正當大家重新投入到新方案的設計工作中時，海洋指揮部接到了新的平台建造任務，來自高校的專家也因教學任務不得不暫停設計工作。淺海鑽井船項目被迫中止。

閒下來後，顧心懌所帶領的設計團隊開始人心浮動，部分人員開始打退堂鼓，私下準備調離項目組。負面情緒籠罩著大家，一時間，團隊岌岌可危。

這時候，姚福林帶隊前來視察工作。看到眼前的狀況後，連夜組織召開了職工大會。會上，他用了很長時間給大家做思想工作，回顧石油工業艱辛的創業歷程，鼓勵大家勇於同甘共苦、積極克服困難。

姚福林的話語樸實、親切，在場的很多技術人員為之動容。會後，除個別堅持調走的員工外，大部分技術人員情緒穩定下來，表

示會繼續留在團隊中安心工作。

顧心懌帶領團隊重振信心，再次開展現場調研，希望能夠尋找到品質小、吃水小、抗滑性強、適於渤海區域淺水作業的坐底式鑽井船。有一天，他們在調研時聽說濟南黃河船廠造的船具有船體輕、吃水小的特點，於是決定前去開展實地調研。

到達濟南黃河船廠後，接待他們的是技術負責人朱龍田。這是一位 20 世紀 50 年代的上海交通大學畢業生，性格耿直，為人豪爽，曾參與過潛艇設計，技術經驗十分豐富。濟南黃河船廠雖然不大，設備也比較陳舊，但朱龍田曾在那裡設計過淺水船隻。朱龍田與顧心懌同是上海人，且對石油行業有著深厚的感情。兩人一見如故，從國家石油行業發展現狀到勝利油田開發淺海油氣資源面臨的問題，聊了整整一個下午。顧心懌還就目前在鑽井船研發方面遇到的困難向朱龍田逐一請教，對方解答後，表示願意支持顧心懌團隊的研發項目，並提出了初步的船體結構改進思路。

真是「柳暗花明又一村」！濟南一行讓顧心懌收穫頗豐，給陷入困境的研發工作帶來了新的轉機。他們決定把所裡的部分設計人員派到濟南，以便在朱龍田的幫助指導下，重新開始設計工作。

這批前往濟南開展工作的設計人員包括孫東昌、姜汝成、王運安、方芹秀等，他們之中有多位後來成長為優秀的科學研究、管理人才。其中，畢業於華東石油學院礦機專業的孫東昌當時還是個二十多歲的小夥子，工作熱情高漲、幹勁十足，得到了顧心懌的悉心指導。後來，孫東昌逐步成長為勝利油田鑽井研究院副院長、勝利油田海洋工程高級專家、山東省專業技術拔尖人才、山東省有突出貢獻的中青年專家。

經過幾個月的團隊攻堅，在朱龍田及濟南黃河船廠技術人員的幫助下，顧心懌終於帶領大家完成了新型鑽井船的設計工作。在他們的精心設計下，這艘鑽井船擁有許多國外同類船隻所沒有的性能特點，更適用於渤海灣淺海環境。他們將這艘船命名為「勝利一號淺海坐底式石油鑽井船」（後稱「勝利一號淺海坐底式鑽井平台」，簡稱「勝利一號」）。

第十二章
「勝利一號」

「勝利一號」設計方案完成後，即將進入船體生產建造階段。山東省有關部門組織專家召開了「勝利一號鑽井船方案審定會」。參會人員展開了熱烈討論，並最終一致透過了設計方案。

方案確立後，顧心懌和同事們再次前往石油工業部作項目匯報，希望儘快立項，解決船體建造資金問題。他們的申報得到部領導的支持，「勝利一號」建造項目於 1976 年順利立項，正式進入緊張的建造階段。

「勝利一號」原計劃由黃河船廠建造，然而由於橫跨在黃河之上的黃河大橋高度小於船體高度，建成後的「勝利一號」將受其阻擋無法駛入大海，因此，他們不得不重新尋找其他適合的造船廠承擔建造任務。為此，顧心懌帶隊先後前往日照、青島、煙臺等地考察。由於當時國內原材料供應緊張，很多具備建造能力的船廠因擔心後續材料匱乏而拒絕了他們。四顧迷茫之際，在山東省造船公司一位朋友的引見下，顧心懌見到了煙臺市機械局的高局長。一番溝通後，高局長表示，煙臺正在籌建一家造船廠，願意承接「勝利一號」建造任務，將其作為新廠的第一個項目。

1977 年 1 月，煙臺市造船廠啟動施工。為了加快建造速度，設計團隊的一部分人員將辦公場所搬進了造船工地，趕繪施工圖紙，現場指導施工；另外一部分人員則積極籌集造船材料。他們跑遍了勝利油田的材料庫房，得到油田領導的全力配合；對於油田無法提供的材料，他們又前往上海、南京、北京、天津、青島等地落實貨源，組織調運。有些材料難以找到，他們就用現有材料進行改良替代——用大型浮頂油罐的鋼板作為船體結構板，用輸油的螺紋管作為船體的支柱，將履帶吊車上的吊機拆下來用到船上……

在造船廠現場工作的設計人員不僅參與造船，還參與建廠工作，他們親自設計胎架、船礅滑道、吊架，提出下水方案，有效加

快了建造進度。1978 年 5 月 1 日，「勝利一號」的船體成功建成。

為了加快推進建造「勝利一號」整體工程進度，顧心懌和團隊成員長期駐紮在煙臺，即便逢年過節也很難回到東營與親人團聚。

有一次，顧心懌終於借回東營匯報工作的機會回家探望，可剛到家的第二天就因急性闌尾炎發作住進了醫院。在得知醫生建議立即手術後，顧心懌因擔心造船進度，詢問醫生可否將手術推遲幾天，待自己處理完當下的工作後再入院治療。在醫生的反覆堅持下，他才不得不接受了手術。雖然術後刀口有些化膿，但顧心懌僅在醫院住了不到七天就匆匆趕回了煙臺造船工地——對他而言，時間太寶貴了。

1978 年秋天，最後的設備安裝和舾裝環節到了非常緊張的階段，顧心懌和同事們幾乎每天加班加點。中秋節那天，當大夥拖著疲憊的身軀回到海邊的木板房時，只見天上皓月當空，海面波光閃爍，高大的「勝利一號」在皎潔的月光下顯得特別壯觀。大家雖然非常疲倦，內心卻十分愉悅——他們為之付出了大量心血的「勝利一號」即將建成，這意味著勝利油田淺海鑽探事業即將開啟，大家長期以來的辛勤努力將為淺海鑽探事業的發展帶來騰飛。

1978 年 11 月 1 日，「勝利一號」終於建成，並進行了試航試鑽，獲得了適航證書和噸位證書。下海抵達渤海灣預定井位後，不到一個月就打完了第一口試驗井——呈中 1 井，拖航、就位、下沉、鑽井、發揮浮一次成功。

經過試驗後的調適完善，「勝利一號」於 1979 年正式投入勘探。自此，我國擁有了第一艘固定甲板高度帶抗滑樁的鋼質坐底式石油鑽井船。它可於無冰期在水深 1.8～6 米（含高潮）的淺海中坐在泥砂質海底上鑽井，填補了我國淺海鑽井裝備領域的空白，還使我國成為當時全球極少數能設計建造坐底式鑽井船的國家之一。「勝利一號」全船總造價約 700 萬元，可比從國外購買鑽井船一次性節約 2500 萬元，每年還可節約進口配件費用約 50 萬元。

正當「勝利一號」順利地打成了一口又一口探井時，震驚全國的「『渤海二號』事件」發生了——從日本購進的「渤海二號」鑽井船發生沉船事故，船上多名人員落水凍溺身亡。有著相似作業性質的「勝利一號」怎麼辦？不少人因擔心風險太大而建議停止作業，相關領導也愈發關注「勝利一號」的安全問題。

作為設計人員，顧心懌明顯感到壓力很大。為確保萬無一失，他帶隊重新核對了「勝利一號」的各種數據，經過專家評估討論，大家一致認為，「勝利一號」結構堅固，不存在安全風險隱患。

然而即便如此，作業人員仍然不放心，每次拖航，都邀請顧心懌去跟船。他們說：「不需求你幹什麼，只要在我們身邊看著，幫助指點一下，我們心裡就很踏實。」顧心懌非常理解他們的心情，總是接受邀請跟船出海。

即便如此，「渤海二號」事故的陰影仍長久地籠罩在出海作業人員的心頭。尤其是夜間拖航又遇上陰雨天氣的時候，大家每每感到焦慮不安。儘管顧心懌一再告訴大家「勝利一號」是安全的，想盡辦法緩解緊張的氣氛，但往往收效甚微。

「勝利一號」究竟還敢不敢運行？油田內部產生了嚴重分歧。最終，石油工業部的領導給予了他們堅定的支持，決定開展一次徹底的檢修後繼續使用。

檢修工作順利完成後，按照慣例需邀請船檢局的驗船師前來檢驗，在檢驗完畢出具證明後，才能拖航出海。然而驗船師到達現場看到「勝利一號」後，卻因其結構過於樸素而拒絕了他們的檢驗要求。顧心懌忙帶領技術人員前往船檢局進行溝通。對方稱：「進口的『渤海二號』都出事了，你們這條船這樣簡陋，我們怎麼能出證明呢？如果你們一定要出海也可以，我們不阻撓也不管。出了問題是你們自己的事情。」顧心懌聽後非常著急，他找到船檢局領導，堅決而懇切地要求他們一定進行檢驗，如果檢驗結果顯示有問題，設計團隊可以整改，但是不能草率地拒絕檢驗。此後，顧心懌又列舉了

多項參數證明「勝利一號」雖然全部由國產材料生產而成，結構比較簡陋，但性能優越，尤其是穩定性、抗沉性都比「渤海二號」好得多。許多當時在場的人至今仍記得顧心懌與船檢局領導的對話：

「『勝利一號』要求檢驗出海。」

「聽說了，我們不能檢驗，不能出具證明。」

「我們要去打井，要去找油。」

「打井找油是對的。這樣吧，要打井找油就去吧，我不出證明，也不阻攔你。」

「那不行，我們不能名不正言不順地作業，要光明正大地出海。你知不知道中國海岸線上還有幾條國產的鑽井船在打井？」

「不知道。」

「我可以告訴你，一條也沒有了。中國這麼大的海域，難道都要依靠國外的鑽井船嗎？我強烈要求你檢驗。如果不合格，你可以給我不合格的證書，我們報廢『勝利一號』，再造更好的。如果『勝利一號』合格的話，你就應該支持我，為我們國家爭口氣！」

顧心懌的情緒十分激動，現場氣氛變得緊張發揮來。同行的設計人員趕忙提醒顧心懌注意語氣。然而沒想到船檢局的領導在聽了他一番情真意切的言辭後，不僅沒有生氣，反而被他的愛國情感打動了。表示會認真考慮他們的訴求，但事關重大，需求請示船檢總局後才能予以答覆。精誠所至，金石為開。兩天后，顧心懌接到船檢局的回覆，同意「勝利一號」接受檢驗。

這一天，幾位驗船師再次帶著檢驗設備登上「勝利一號」。他們進到船艙裡仔細查看了艙體設備，回饋了改進意見。顧心懌針對存在的問題，及時組織人員開展了連續數日的突擊整改，並再次接受了驗船師的檢驗。直到船體及裝備完全符合各項技術標準和安全設計要求後，船檢局才終於出具了相關證明。

1980 年下半年，經歷了一系列波折考驗後，「勝利一號」終於再次升發揮中國國旗，出海履行自己的職責和使命。

1989 年，「勝利一號」光榮退役，共完成了 20 口井（包括探井、開發井、試驗井）的勘探工作，總進尺 4 萬多米，勘探成果顯著。「勝利一號」所鑽探的 20 口井中，最大鑽探井深 3131 米，見到油氣層的井有 7 口；發現含油氣圈閉 7 個；在墾東十二區見到 26.2 米的油層，獲得了日產 20.9 噸的工業油流；1987 年，鑽成了墾東 14 井，獲得了日產 4.1 萬立方米的天然氣。該船於 1986 年獲石油工業部科技進步獎二等獎，於 1987 年獲國家科技進步獎三等獎。

1989 年，顧心怪因帶領團隊成功設計研發「勝利一號」而被評為「全國勞動模範」，他代表勝利油田 20 萬產業工人出席隆重的表彰大會，受到了國家領導人的親切接見。

「勝利一號」是中國第一艘坐底式石油鑽井船。

「勝利一號」是完全由中國人自己設計建造並全部採用國產材料建成的鑽井船。

「勝利一號」開創了我國淺海勘探的新局面。因「勝利一號」而組建的勝利油田淺海勘探團隊，成為我國第一支淺海勘探隊伍。歷經數十載，該團隊如今已發展成一支由 3000 餘人組成的設施配套齊全的淺海勘探公司。

「勝利一號」在設計建造及使用過程中積累的技術經驗，在後來「勝利二號」「勝利三號」等鑽井船的設計、改造過程中，發揮了關鍵的可借鑑作用。

「勝利一號」作為向淺海勘探邁出的第一步，已被載入我國石油勘探的歷史中。

第十三章
辭官從研

勝利油田鑽井採油工藝研究院曾是勝利油田尖端鑽井技術的「中樞系統」，聚集著許多鑽井領域的技術精英。鑽井工藝研究院的前身為勝利油田勘探開發工藝研究所，顧心懌曾擔任過其中礦業機械研究室主任，後任勘探開發工藝研究所副所長。

1978 年 3 月 23 日，勝利油田勘探開發工藝研究所撤銷，勝利油田鑽井採油工藝研究院正式成立，顧心懌任行政副院長。

上任之初，他便著手圍繞所分管的生產技術領域開展工作，梳理了大量技術資料，制定了完善的管理制度，還開展了基礎技術調研摸排工作。然而，管理工作往往沒有科學研究技術那麼單純。

顧心懌的一位老鄉，在得知他當了領導後，便帶了許多禮品找到他給自己的兒子調動工作崗位。令這位老鄉沒有想到的是，顧心懌不但嚴詞拒絕了他，還將他帶去的禮品全部送出門來。如此不留情面的做法讓老鄉很是不滿，因此同顧心懌不再來往。類似這樣「得罪人」的事情，在顧心懌擔任副院長期間還發生了很多次。

慢慢地，顧心懌發覺自己並不適合做行政領導——在領導崗位上，不僅人情往來讓他疲於應付，而且每天到辦公室請示匯報的下屬絡繹不絕，繁雜的協調工作占據了他絕大部分的時間和精力。他發現自己已沒有時間潛心開展科學研究攻關了。

一段時間後，將科技創新作為畢生追求的顧心懌認定自己難以適應領導崗位，因此，他毫不猶豫地決定申請辭去副院長的職務，全身心投入到科技攻關中。

1980 年 3 月的一天，顧心懌來到鑽井採油工藝研究院臨時黨委書記鐘秀義的辦公室，想匯報辭去行政職務的事情。

鐘秀義原以為顧心懌找他是因為工作上遇到了困難，沒想到是要申請辭去副院長一職。他半開玩笑地對顧心懌說：「你這是要撂挑子啊？組織可不答應。」在顧心懌表示自己業務項目多、工作量大，沒有時間和精力從事行政管理工作後。鐘秀義說：「幹部任免是需求組織集體研究決定的，我個人無權免去你的職務。更何況你

的工作一直很出色，並沒有出現失誤啊！繼續安心工作吧，我們都是黨的幹部，服從組織安排是第一要務。」

與書記沒談攏，顧心懌又先後找了幾次組織部門，誠懇地提出自己想辭去副院長一職、專心做具體技術工作的要求。但是組織部門考慮到，一名技術幹部，不僅要有過硬的技術本領，還要有掌控大局的管理才能，培養一位合格的幹部是很不容易的，而顧心懌恰恰具備這些素質，在管理崗位上做出了不錯的成績。一將難求，組織部門便同樣拒絕了他的申請。

直到後來的一天，山東大眾日報社駐勝利油田記者到鑽井採油工藝研究院採訪，根據院方安排，顧心懌接受了技術領域的訪談。採訪期間，顧心懌不禁向記者道出了自己的苦衷，並表達了辭去行政職務、專心開展科學研究工作的想法。記者聽後十分吃驚，在他看來，像顧心懌這樣為了科學研究工作寧肯放棄行政職務的人實屬罕見。在了解個中原委後，才發現這種想法在科學研究領域是具有普遍性的。於是，訪談結束後，這位記者撰寫了一篇題為《選拔專業人員擔任領導工作要因人而宜》的文章❶：

> 最近，勝利油田鑽井採油工藝研究院副院長顧心懌提出，提拔專業人員擔任黨政領導職務，要因人而宜，避免「一刀切」。在這方面，他談到了自己的親身體會。
>
> 顧心懌現年44歲，建國初期在上海中華職業學校學過石油機械，以後又在山東工業學院上了兩年夜大學。勝利油田開發初期，他在改革鑽頭、取芯工具等方面，取得了一些成果。1966年後，他和其他技術人員、工人一發揮，用了十年時間，發明了具有我國獨特風格的先進抽油設備——鏈條式抽油機，獲得國家科委頒發的二等發明獎。1975年後，他又主持研製了我國第一艘坐底式淺海鑽井

---

❶略有改動。

船，已投入鑽井生產。顧心怿今年開始搞另一項發明。這個項目原計劃6月份畫出設計圖，可是，實際上8月底才完成。為什麼計劃推遲了呢？主要是行政事務分散了他的精力。

顧心怿是鑽井採油工藝研究院主管生產的副院長，院裡每兩天開一次領導「碰頭會」，每次半小時到一小時；每週開一次領導成員辦公會，進行一次政治學習，各佔用半天；還有經常開的黨委會議，等等。每個會都要準備意見。另外是行政事務纏身。顧心怿拿出工作日誌給記者看。他隨便翻到4月23日這天，記錄下了9項要辦的事情：(1)布置組織防汛勞動；(2)布置機關蒸汽管線設計；(3)對設備檢查提出意見；(4)安排加工插銷；(5)考慮半年總結；(6)確定企業管理要哪些人員參加；(7)工會庫房搬家問題要定下來；(8)對技術幹部考核準備意見；(9)鑽頭銲接，通知加工工廠做好準備工作。這裡固然有個改進工作方法、減少行政事務、精簡會議的問題。但是，既然擔任了行政領導職務，很難擺脫行政事務工作，再想專心致志搞些科學研究，是相當困難的。

他認為，對那些專搞科學研究，並在某個方面有成就的人員，還是不脫離科學研究崗位好。搞科學研究有它的連續性，剛剛探索到科學研究規律，就轉為搞管理，對人才是種浪費。顧心怿希望上級免去他的領導職務，讓他回到科學研究崗位上去，專心致志搞科學研究，不再參與行政領導工作。

顧心怿提出意見，其中的道理顯而易見。在人才的使用問題上，不能搞「一刀切」。對那些在技術上有專長，而不善於做組織管理工作的人，就應該揚其技術之長，避其組織能力之短，尤其是對於那些在科學技術上有成就並有

發展前途的優秀人才，就更應該讓他們專心致志地從事科學技術研究工作，這樣會更有利於出成果。這才叫人盡其才。對於那些有專業技術成就，但不宜擔任領導管理職務的科學研究人員，可授予一定技術職稱，在科學技術上給他們一定權力；領導要真心實意地依靠他們，傾聽他們的意見，在各方面給予支持。保證科學研究快出結果。對提拔到領導崗位上的專業人員，也應該減少他們的行政事務，兼職不要過多，才能更好地發揮他們的特長。不然，時間一長，職務升了技術丟了，還會由內行變成外行。

這篇文章先是刊登在了《大眾日報》上，隨後，又在《人民日報》再次刊發，引發揮了鑽井採油工藝研究院領導的重視。1984 年，鑽井採油工藝研究院經過黨委常委會集體研究，報請勝利油田黨委批准，同意顧心懌辭去副院長的領導職務，並任命他為鑽井工藝研究院總工程師。

辭去行政職務後，顧心懌將更多時間和精力用在了科學研究工作中。當時許多人無法理解他的決定，但顧心懌用樸素的表達說明了自己的理由：「每個人都有自己的特長，有的人組織能力強，適合做領導工作。而我自知天生不是當官的料，我的特長在於從事技術研究工作，我的事業在科技創新的崗位上。」

顧心懌後來被勝利油田聘為油田首席高級專家，他在與青年技術人員的一次交流活動中曾說：「青年人應該充分分析自身的特點，找準自己的發展方向，走適合自己的發展道路。就拿我來說，是油田的生產需求、單位事業的發展、組織和群眾的幫助，才使我從油田發展初期的一名青年技術人員，成長為教授級高級工程師和中國工程院院士，又榮幸地被聘為油田首席高級專家。」他還曾在一次會議發言中慷慨激昂地說道：「在我的成長過程中，領導出於對我的關心、愛護，把我提拔到副所長、副院長等行政管理崗位上，我深知這是組織對我的器重和厚愛。但工作一段時間後我發現，我之所

長不在經營管理而是科技創新，所以，我就打報告，請求黨委免去
我的行政領導職務。從三支人才隊伍序列發展來看，我當時的請求
是對的。在這裡，我想對我們油田那些有志於從事專業技術工作的
青年同志說，在專業技術方面，勝利油田是一個大舞台，只要你下
定決心獻身石油科技，努力學習，深入基層，連繫實際，敢於實
踐，腳踏實地，潛心研究，堅持創新，不怕挫折、失敗，不斷總結
實踐經驗、教訓，就一定能夠在專業技術上取得出色的成績，做出
應有的貢獻，得到肯定和承認。」

　　技術探索永遠是顧心怿心中最重要的事情，他以對科學研究精
益求精、求真務實的工作態度贏得了周圍人的尊敬和愛戴。曾有人
與他開玩笑：「多虧你當時辭去了行政職務，否則，油田只能是多
了一位普通的領導，卻缺少了一位工程院院士。」

　　辭官從研，這是顧心怿人生中的第四次重大選擇，他始終認
為，自己在這幾次人生轉折點上做出的決定是正確的，對於自己在
油氣行業取得一定成績發揮了重要作用。

第十四章

鑽塔走路

20 世紀 80 年代初，我國海上石油勘探技術快速發展，而有一個技術領域卻始終沒有取得實質性突破，這就是海陸過渡區極淺海、潮汐帶的油氣勘探。那時候，儘管大家知道渤海灣深度兩米以內的極淺海區域蘊藏著十分豐富的石油資源，但是包括淺海坐底式鑽井船在內的任何淺海石油鑽井設備都無法前去開展鑽井作業。究竟要透過什麼方法，才能突破眼前的技術困境呢？

油田對於極淺海區域鑽采作業的需求再次激發了顧心懌的使命感。

1982 年初夏，顧心懌和幾位技術人員乘登陸艇前往海邊調研，實地勘查了解海灘和海底的地基地貌。這一天，他們帶足了食物和飲用水，為了避免登陸艇擱淺，需求趁完全退潮之前，完成極淺海區域勘查任務。到達目的區域後，顧心懌帶領大家冒著灼熱的海風，投入到緊張的測量工作中。他們沒預料到那一天的退潮特別快，大家剛剛收拾完工具準備返航時，海潮已無聲無息地退去，登陸艇還來不及撤出就擱淺了。大家不得不原地等候下一次漲潮。

這時，船上的一位同伴因家中有急事需求馬上次家，便向大家說明情況後獨自跳下登陸艇步行上岸。由於擔心同伴的安全，顧心懌一直在船上用望遠鏡遠遠地注視著他。看著他一步一步吃力地往岸邊走去，慢慢消失在海岸線上，忽然間，顧心懌的腦子裡閃過一個念頭：船能擱淺，腳卻擱淺不了，既然人的雙腳能在淺灘行走，為什麼不能造一條會「走路」的鑽井船呢？這樣，豈不是可以在船擱淺後，依靠船體的自身動力來解決缺少海水浮力的問題？

奇妙的靈感需求強大的行動力來實現其價值。幾個月後，顧心懌便完成了「步行式鑽井平台」的初步設想方案，並得到了大家的一致認可。關於方案的落實工作，他感到愈發困難，擔心自己在該領域的知識儲備不足。而勝利油田當時側重於陸上油田的勘探開發，缺少熟悉海上鑽井平台技術的專業人員，因此，顧心懌計劃到勝利油田以外尋求指導。

　　各方諮詢一番後，顧心懌了解到上海交通大學的楊槱院士在船舶建設領域有著很深的造詣，可能會對自己計劃建造的會「走路」的鑽井平台提供指導。他將自己的想法向油田領導作了匯報，得到批准後，帶領幾位同事一同前往上海拜訪楊院士。他們透過學校祕書與楊院士約定開展一次研討會議。會議當天，除楊槱院士外，另外幾位上海交通大學的教授也一造成場參加研討。

　　會上，顧心懌向大家詳細介紹了自己的設計思路，此後，大家展開了熱烈的討論。教授們肯定了他的設計思路，同時也預判了項目風險，指出了存在的問題。楊槱院士最後對顧心懌說：「我們上海交通大學非常願意與勝利油田的同志們一發揮接受這個挑戰，可以考慮透過校企合作的方式來共同完成這一項目。」

　　商談進展出人意料的順利，顧心懌按捺不住內心的喜悅，匆匆趕回油田，向領導作了匯報。經過幾輪洽談後，勝利油田與上海交通大學商定了項目合作事宜，並將計劃設計建造的該鑽井平台命名為「勝利二號淺海步行坐底式鑽井平台」（簡稱「勝利二號」）。隨後，成立了由勝利油田副總工程師葉薑庭和上海交通大學副校長李潤培擔任組長的項目領導小組；勝利油田顧心懌、邴如吉等，以及上海交通大學教授馬志良、陳健元等擔任項目設計負責人。後又經過雙方精心挑選，各選派了 30 名技術骨幹、高校教師參與其中，聯合組成了龐大的研究設計團隊。

　　如果說「勝利一號」項目的特點是難度大，那麼，「勝利二號」的設計建造除具有極高的難度外，還要承擔更大的風險。因為要求具備移動性能的「勝利二號」為全球首創，沒有任何經驗可以借鑑。此外，「勝利二號」是一項宏大而複雜的系統工程，投資巨大，如有閃失，國家將會蒙受重大經濟損失。顧心懌心中的壓力可想而知。

　　此時，有些朋友認為顧心懌在「勝利一號」項目中取得了豐碩的成果，建議他不要再冒險參加「勝利二號」的設計建造，勸他「見好就收」。顧心懌理解朋友的良苦用心，但他仍堅定地加入了新項目

組。當時國際原油價格持續上漲，國家需求更強的石油自主勘探開發能力來支撐國民經濟建設。顧心懌認為，淺海勘探領域總要有人去開拓，而自己正處於年富力強、經驗成熟的「黃金時期」，不該知難而退，而是應該努力拓展更多未知領域，助力油田多產石油，這樣才無愧於國家對自己的培養。

後來，又有人對他說：「『勝利二號』的設計思路是你構思的，現在找其他單位協作，豈不是將自己的成果白白讓給他人了？」顧心懌聽後搖搖頭，態度堅定地說：「科學研究工作者不能心胸狹隘，參與項目的雙方是有著共同的奮鬥目標的。『勝利二號』也只有在大家齊心協力之下，才能最終建造完成。」

為了儘快完成鑽井平台的設計工作，顧心懌同項目組的專家們圖紙畫了一張又一張，方案設計了一個又一個。經過一年多的可行性研究，他們所設計的可以「行走」的平台方案各項技術指標終於順利透過了檢驗。

1983 年下半年，為了取得海底地基、吸附力數據，設計團隊主動與山東沾化造船廠尋求合作，共同根據設計方案建造了一艘長 10 米、寬 5 米的模擬實驗船。待各種動力設備和測試儀器安裝完成後，顧心懌仔細地打量著船體，內心十分興奮。

一切檢查妥當後，顧心懌同項目組成員乘實驗船正式發揮航。他們從山東東風港出發，途經徒駭河以東，緩緩地向著蔚藍色的大海行進。逐漸進入淺灘後，由於支援船隻無法駛入，食物補給遇阻。顧心懌和其他設計人員不得不啃冷饅頭充饑。乏了，幾個人就背靠背休息一會兒；困極了，乾脆就躺在甲板上，或者擠在只有幾平方米的裝滿儀表的小船艙裡過夜。秋天冷硬的海風一陣陣吹過來，他們當中很多人凍感冒了，但仍然帶病堅持了半個多月。在實驗結束登陸時，顧心懌消瘦了許多，雙眼布滿血絲，嗓子嘶啞得說不出話來。儘管如此，大家還是為這次滿載而歸興奮不已。

此次，他們累計行程數百公里，經過了海灘、潮汐帶等五個典

型地段，拍攝了許多寶貴的影像資料，收集到了大量現場數據，進行了嚴謹的評估實驗，為「勝利二號」的後續研發工作奠定了堅實的基礎。

1985 年，「勝利二號」由青島北海船廠正式承建。青島離東營雖然不過 300 多公里，但在當時的交通條件下，往返一趟並非易事。為了確保建造作業順利開展，顧心懌和團隊的其他設計人員吃住在船廠。單位領導為了讓顧心懌方便快捷地開展工作，打算為他配一部值班車，而顧心懌考慮到科學研究單位用車緊張，便婉言謝絕了。為了節省從船廠宿舍到生產現場的時間，他買了一輛自行車，每天騎行往返。

「勝利二號」施工進入關鍵階段後，顧心懌甚至一連幾個月吃住在現場，負責組織協調各方關係，處理各類技術難題。有一次，向平台吊送鏈輪護罩等鑽機配件的吊車出現故障無法工作，為了不影響工程進度，顧心懌與幾位監造人員沿著陡峭的梯子，將幾百公斤的配件一件一件扛到了十幾米高的平台上。還有一次，在炎熱的平台上連續工作了幾個小時的顧心懌感到身體不適，隨後嘔吐不止，被送到衛生室後醫生說他是因為在高溫環境中持續作業、疲勞過度而引發的中暑，要求他好好休息。而顧心懌躺在床上卻難以入睡，腦海中浮現的都是工人們頭頂烈日、在焊花飛濺的工地上忙忙碌碌的身影。於是，他翻身坐發揮，簡單在太陽穴上抹了一點風油精，喝了些白開水，便匆匆趕回施工現場繼續參與作業。

在「勝利二號」建造過程中，顧心懌既是策劃者又是踐行者。他與團隊的設計人員一發揮，完成了平台整體方案、大直徑舉升油缸、大行程水平牽引油缸、輕型內(外)體空間桁架、懸臂支架及大通徑液壓平衡系統等的設計工作，他們自主設計製造的每組載重達 1200 噸的大型全浮式軌道車輪組和導向機構等，使平台內、外體可以靠自身的機械動力交替舉發揮或著地，從而互為依託地牽引前

進，擺脫了海水浮力限制，一舉實現了「步行」動作。

1988 年 9 月 19 日，這是一個值得紀念的日子：經過設計、製造團隊六年的艱苦奮鬥，「勝利二號」這個重達 4000 多噸的龐然大物，終於披紅掛綵、一顯崢嶸。隨著一陣響亮歡快的鞭炮聲，「勝利二號」威風凜凜地從青島北海船廠海灘出發，承載著鑽井設備，一步一步地「走」向了大海！岸邊的圍觀群眾被眼前的一幕所震撼，不禁熱烈而持久地鼓掌。大家歡呼雀躍、連連喝彩，一時宛若在慶祝一場盛大的節日。

「勝利二號」的成功，使勝利油田擺脫了海陸過渡帶（海灘、潮汐帶、淺海區）坡度小、寬度大、海洋鑽井船進不來、陸上鑽井設備下不去的困境。從此，勝利油田在極淺海潮間帶開展石油勘探開發鑽井作業，實現鑽井作業陸海連片的夢想，終於成為現實。據統計，「勝利二號」這座重達 4000 噸的平台，服役期間累計「步行」3000 多米，不僅在淺海海域鑽成近百口油井，還多次「走」進其他任何鑽井設備都無法進入的極淺海潮汐帶實施鑽井作業。

「勝利二號」設計建造項目於 1990 年獲得中國發明專利授權和第二屆國際專利及新技術新產品展覽會金獎；於 1991 年獲得中國專利獎金獎；於 1992 年被評為年度「全國十大科技成就」之一；於 1996 年獲得國家發明獎二等獎。

「勝利二號」的設計、建造屬於國際首創，平台性能具備當時國際先進水平，也因此得到了黨和國家的高度重視。在中華人民共和國成立 41 週年前夕，郵電部印發了一枚以「勝利二號」為畫面的特種郵票。當時，任中國石油天然氣總公司總經理的王濤看到郵票精美的設計後讚不絕口，並欣然為這枚特種郵票題詞，以祝賀勝利油田第一枚特種郵票發行。

第十五章
痴心不悔

古人云：藝痴者，技必良。其實，每個人技藝的精良程度，不僅與他對技術的痴迷程度有關，還取決於他的格局和眼界，而顧心怪便十分注重透過了解國際尖端技術裝備來拓寬視野、提升眼界。在他看來，當時的中國在設備數量方面已經逐漸發展為世界石油裝備大國，但是設備的品質、性能與國際先進水平還相去甚遠。只有大膽解放思想，加強科學研究創新，才能不斷開發高端石油裝備，增強國際競爭力。

當時，隨著石油企業向油公司轉型，機械設備生產專業隊伍逐漸從企業主體剝離，這可能使得裝備生產商無法及時滿足勘探開發的具體需求，從而導致裝備對油田的適應性滯後。所以，顧心怪認為，油公司應建立發揮與生產商密切溝通、合作研發的長效機制。企業提出要求後，須與生產商開展合作研發，並進行現場試驗，透過反覆改進提升，最終生產出符合油田需求的裝備。該過程中，應特別注重設備核心機構研發技術的創新，從而更好地提升設備性能。

「勝利二號」設計建造完畢後，顧心怪長長地舒了一口氣。本想放緩工作節奏休息一段時間，可這時，一個關於修井設備改造的想法又出現在他的腦海中。

事情是這樣的。

有一次，顧心怪在修井現場指導作業，一位工人師傅想和他說些事情。由於現場機器聲音太大，顧心怪聽不到工人說的內容，只得看著眼前轟隆隆的修井機無奈地搖頭。那位工人見狀湊到顧心怪耳邊說道：「顧總，您有那麼多發明創造，能不能幫我們改進一下修井機，讓它剎車時操作不用太費力，也不出現這麼大的噪音啊？」顧心怪在機械設計方面的權威性令現場工人對他寄予厚望。在聽到工人師傅提出的請求後，他內心感受到了被信任的溫暖，於是堅定地點頭說道：「行，行，讓我回去想一想，看有沒有好的解決辦法。」

其實早在幾年前，顧心怪在鑽井隊和作業隊調研時，便聽到過

現場工人的議論：鑽機剎車是個大問題，操作發揮來十分困難，稍微掉以輕心便可能發生事故。他還曾親自嘗試過操作剎把，發現剎把很重，的確不易操作。剎車過程中，剎車轂時常被磨得發燙髮紅，每當此時，鑽井工人不得不趕緊將冷水潑在剎車轂上降溫，但這一操作卻會大大縮短剎車片的使用壽命。當時，由於忙於鑽井平台的設計工作，顧心懌無暇思考修井設備的改進方案，時隔數年再次聽到現場工人的需求，他決定著手解決這一問題。

他先後嘗試了氣動剎車、電磁剎車、水剎車等多種思路，但都無法很好地適應現場設備需求。於是，他試著打破思維定式，運用發散性思維去探索改進方案。有一天，他突然想到：「如果不認清剎車的本質，則可能很難從根本上解決問題。那麼，剎車的本質是什麼呢？」一時間，顧心懌感到豁然開朗：剎車的本質是消耗能量，工人用力按壓剎把時，鑽柱釋放的能量轉化為摩擦產生的熱能，隨之被消耗掉。倘若因剎把操控失誤而沒能消耗掉鑽柱釋放的能量，則可能導致設備速度失控，從而發生事故。繼而，他又進一步深入思考：能量全部被消耗掉顯然是一種浪費，如果能設法把它們利用發揮來，豈不是既能方便剎車，又能實現能量的循環利用了嗎？

顧心懌的設計思路因此產生了一次飛躍，但是要實現這種設計卻很不容易。為此，顧心懌屢屢到施工現場開展調研，認真觀察、分析鑽井、修井設備。根據他的測算，3000 米直徑為 2.5 英吋（約 6.35 釐米）的油管發揮下作業過程中能釋放出多達約 5 億焦耳的能量，加之修井機並非長期固定在一處作業，且能量釋放過程也不穩定，因此，能量貯存過程困難重重。顧心懌嘗試了多種蓄能思路，如將品質很大的物體舉升的方法，向電瓶充電的方法，向儲熱器充熱的方法，發電回饋進電網的方法，向高處水庫打水的方法，讓飛輪高速旋轉的方法，壓縮大彈簧的方法，壓縮氣體使之升壓的方法……但都無法高效地實現如此大量的能量貯存。直到後來一次現場調研中，顧心懌發現設備在發揮鑽時，動力機大部分時間處於空載

狀態，僅提升管柱時才有較重的負荷。而即便在空載或低負荷的狀態下運轉，動力機仍要消耗一定的燃油，並且容易發生磨損、產生積碳，因而縮短機器壽命。

於是，顧心怿的腦海中出現了一個新的想法：雖然不能將整個下管柱過程中的能量全部貯存發揮來，那能否嘗試貯存單根管柱發揮下過程中的能量呢？經過理論測算，他認為這一思路是可行的。

1991 年年初，顧心怿在深思熟慮後將自己的設想告訴了研究室的幾位同事，大家都認為這是個很有創意的構想，值得一試。於是，在徵得油田領導的同意後，他們申請成立了技術研究項目組，將該項目列入勝利油田 1991 年預備課題研究計劃，項目很快便進入實際研究階段。

他們透過多番論證，決定採取液壓技術蓄能，準備先試制一臺 300kN 的修井機樣機。初期目標明確後，顧心怿與設計組的同事們便開啟了漫長的探索之路。

發揮初，為了解決車載高壓空氣包的設計問題，他們前往浙江大學「取經」，在取得相關專利設備資料後，又馬不停蹄地趕赴浙江衢州的廠家商談合作生產事宜。透過一連數日的奔波，他們終於突破了高壓空氣包方面的瓶頸，大家都感到十分高興。

與此同時，項目組的其他幾個研究環節也取得了突破性進展。譬如，在選擇較低的「力擋」條件下，使油缸的提升力小於油管柱的重力，從而不僅能提升油缸，還能使其被油管柱壓下，液壓油就被壓回蓄能系統儲存發揮來，從而實現了下鑽過程中貯存部分位能的目標；設計人員還成功改進了蓄液缸的結構，實現了高壓蓄液缸中的液位顯示。

前期方案設計基本完成後，顧心怿與項目組的同事們繼續堅持扎根生產一線，指導設計調試，1992 年 12 月，終於製作出第一臺修井機樣機。大家興奮地將設備運送至井場，準備開展現場試驗。然而令他們始料未及的是，運送車輛在途經一處坑窪路段時，因發生顛簸，樣機側翻至路邊的水溝裡，設備頓時被摔得七零八落，當場報廢。

眼看著兩年多的成果被摔得面目全非，顧心懌心如刀絞，自責不已。大夥兒見狀紛紛上前安慰，七手八腳地撿拾發揮設備殘骸並拉回了廠房。雖然這是運輸過程中發生的意外，並非技術失誤所致，但顧心懌還是從可靠性方面對設備進行了檢查、反思，並改進了部分細節。

一年後，項目團隊再次趕製出經過改良的第二臺樣機，並在場內進行了先導試驗。1994 年年底，他們提前對運輸路線進行安全勘查後，將樣機運抵施工現場進行了應用試驗。新樣機在井上先後進行了九次試驗，均取得了理想的效果。此後，他們開始進行新式修井機的工業化推廣應用。新設備的優勢十分顯著：剎車輕巧靈便；作業過程中噪音明顯減小；不會發生游動滑車頂天車事故，安全性能尤為可靠；節能效果十分顯著，傳統設備需燃耗 400 公斤柴油的工作量，新設備僅需耗電 600 多千瓦・時。按照當時的標準測算，每臺新修井機每年可為勝利油田節省經費數十萬元，經濟效益十分可觀。

1994 年，這款新式修井機透過了石油天然氣總公司組織的技術鑒定。在鑒定會上，多位資深技術專家在對產品進行了嚴格的鑒定和評估後，一致給予了很高的評價，認定該項目屬國際首創。此後，這款液壓蓄能修井機又先後取得了美國、加拿大的專利。1995 年，該液壓蓄能修井機榮獲中國專利獎金獎。這是繼「勝利二號」之後，顧心懌又一項獲此殊榮的科學研究成果。

日積月累的科技成果，奠定了顧心懌在勝利油田科學研究領域的地位，他出國考察交流的機會也越來越多。

1995 年的一天晚上，顧心懌剛吃過晚飯不久，家中電話鈴聲突然響發揮。他接發揮電話後，才知道對方是中國石油天然氣總公司王濤總經理。王濤在電話裡告訴顧心懌，自己前一段時間赴義大利調研，發現他們在海洋工程、平臺研製方面頗具實力，建議油田組織幾位專家前去參觀學習，為後期聯合開展海洋技術項目研究奠定基礎。當年 5 月，顧心懌帶隊前往義大利開展調研。7 月的一天，

顧心懌正在與義大利技術人員交流超淺吃水運輸船項目的技術問題時，收到了一封國內發來的傳真文件，內容是通知他儘快回國參加院士大會。回到賓館後，他又接到了勝利石油管理局領導、鑽井工藝研究院領導的國際長途電話，他們紛紛向顧心懌道喜，祝賀他被選為中國工程院院士！

顧心懌聽後感到既驚喜又意外——他不曾想到年僅58歲的自己竟能夠順利當選為院士。這是國家對於他在石油基層單位數十年科技創新工作的認可，也是對於勝利油田科技進步成果的認可。這一天晚上，顧心懌輾轉反側、思緒萬千。突如其來的喜訊令他感觸頗多：昔日科學研究工作中經受的挫折、收穫的成績，一幕幕在腦海中回放，他愈發認識到，倘若沒有勝利油田這個大舞台，沒有一路走來各位領導、同事、家人的關心、支持，僅憑自己單打獨鬥，恐怕難以取得今日的成就。是團隊的智慧和力量使自己在科技創新領域獲得了無限動力，如今自己當選中國工程院院士，但這份榮譽不僅僅屬於自己，更屬於團隊，屬於整個勝利油田！

顧心懌提前結束了在義大利的考察任務趕回國內。抵達東營後，勝利油田專門為他組織了「歡迎院士載譽歸來」迎接慶祝儀式；次日，又在鑽井工藝研究院舉行了慶功會。會上，勝利石油管理局領導緊緊握住顧心懌的手說道：「老顧，祝賀你為勝利人爭光！」

成為中國工程院院士的顧心懌沒有因此停下前行的腳步，而是繼續在科學研究領域攻堅創造、不斷挑戰自我，也因此為勝利油田做出了更多貢獻。

1998年，受亞洲金融危機影響，國際油價大幅下跌，全球油品競爭日趨激烈。當時，中國每年所需石油約有60％依賴進口。作為一個能源需求大國，石油供應受制於人，給國家能源安全帶來嚴重的威脅。面對不容樂觀的國際形勢，顧心懌意識到，只有研發本國核心技術，發展壯大自身科學研究實力，生產更多優質石油，才能

適應時代發展的需求，打破西方國家的技術壟斷。

他又將科學研究重心鎖定在研發「長環形齒條抽油機」項目上。當時，為了儘快設計研發出這款改良型抽油機，年近 70 歲的顧心懌堅持深入生產一線收集資料。他經常在井架上爬上爬下，直讓陪同的同事擔驚受怕。2006 年 11 月，透過孜孜不倦的學習、鑽研，第一臺長環形齒條抽油機試驗樣機終於建造完成，並在勝利採油廠投入試運行。

有一次，因設備材質出現問題，導致試驗樣機皮帶滾筒損壞。為分析材質問題發生的原因，顧心懌堅持爬到十米高的抽油機頂部觀察設備運行情況，並提出了設備結構改進思路。他並非不信任他人，而是多年的工作方式使他習慣了親力親為，在親身實踐中尋求科學研究靈感。也正是顧心懌身先士卒、精益求精的工作態度，保證了長環形齒條抽油機樣機在反覆改進中運轉性能不斷提升。

2008 年 11 月，山東省科技廳組織國內知名石油機械行業專家對長環形齒條抽油機項目進行了技術鑒定。鑒定專家一致認為，長環形齒條抽油機不僅節能效果好、堅實可靠，且較其他抽油機負荷更大、抽吸更深，其結構形式屬國際首創，技術水平在長衝程領域居國際領先地位！

此後，顧心懌又結合油田生產實際需求，對該抽油機進行了不斷的調整、完善。十餘年來，長環形齒條抽油機設備的推廣應用，對我國石油勘探開發造成了重要的推進作用。

第十六章

淡泊名利

相傳乾隆皇帝有一次下江南時，來到鎮江的金山寺，看到山腳下大江東去，百舸爭流，便隨口問站在身邊的一位老和尚：「你在這裡住了幾十年，可知道每天來來往往有多少只船？」老和尚回答說：「我只看到兩只船。」乾隆皇帝一怔，問：「何為兩只？」老和尚說「人生只有兩只船。一隻為名，一隻為利。」

人活於世，難免會接觸名利，但真正能看淡名利的卻寥寥無幾。而顧心怿便是其中之一。在油田設備工程領域知名度逐漸提高後，顧心怿面臨的選擇與誘惑越來越多，然而，他卻始終堅持自己的名利觀。尤其是在當選中國工程院院士後，他風趣地把自己定位為「草根」院士，也喜歡別人這樣稱呼自己。在他看來，自己出身貧寒、學歷不高，長期扎根基層從事技術研發工作，用「草根」來形容自己最合適不過了。有一次，在接受中國香港《大公報》記者採訪時，記者好奇地問他：「您在勝利油田工作了幾十年，成為院士後依然不離開這裡，您從來沒想過去更高的平台發展嗎？」顧心怿想了想，笑著說：「既然您之前稱我為『草根』院士，我想草就應該長在適合它生長的地方。倘若連根拔揮，移至他處，成活率能有多少呢？」

為了能夠創新發明更多適用於油田生產的技術裝備，實現自己的科技夢想，顧心怿始終將學習與創造視為畢生追求，並不斷挑戰極限，努力超越自我。他不但注重加強理論學習，還堅持在實踐中汲取知識，虛心向一線技術人員學習，又將所思所悟應用於實踐，為勝利油田乃至國家石油行業創造了多項重大創新成果。

生活中，顧心怿對自己的要求近乎苛刻。不同於有些人在取得一點成就後便驕傲自滿、不可一世，顧心怿對同事們始終關懷備至，自己卻屢屢拒絕組織的特殊優待。因此，很多基層員工都十分信任他，樂於與他推心置腹。

隨著接手的項目涉及經費越來越多，顧心怿面臨的誘惑也越來越多。面臨他人的「示好」，顧心怿時刻警醒自己絕不能碰觸共產黨

員的「紅線」。相比於外界的名利誘惑，他更看重一名合格共產黨員的名，維護好企業集體的利。

「勝利二號」工程建造期間，涉及資金達數千萬元，其中，大部分都是在顧心懌的審批下支出的。他深知油田能夠籌集如此巨額經費實屬不易，因此，每一筆錢都要提前制定詳細的預算計劃，使用過程中精打細算，力求以更低的成本換取更大的效益。有人為了推銷設備原材料，託人給顧心懌送禮、說情，可這些不講原則、不按規矩辦事的做法都被他一一回絕了。面對顧心懌不留情面的拒絕，有些人氣急敗壞，背地裡說他「死心眼」「故作清高」。風言風語傳到顧心懌耳中，他大都一笑置之，繼續堅持自己的處事原則。

對於他的做法，有些人不以為然，挪揄他道：「錢又不是你自己的，何必『摳』得這麼不近人情呢？」顧心懌聽後笑而不語。他認為錢雖然不是他個人的，但是既然自己掌握這筆經費的使用權，便不能有任何私念，更不能見利忘義、慷國家之慨籠絡人心。自己一定要對承擔的項目負責，否則便是害人害己，貽害無窮。

與技術夥伴開展合作的過程中，顧心懌常說：「人的貪念如同籠中之獸，一旦打開籠門，往往難以控制。別人怎樣看待我、評價我並不重要，重要的是把油田的每一分錢用到實處。倘若我的『摳』能在項目中見到效益，那麼我的做法便是值得的，我也會一直堅持下去。」

不理解顧心懌的人，終究無法與他的精神境界同頻。有些人認為他不僅在工作中「摳」得不近人情，在生活中也是節儉地令人不可思議。

有一次，單位司機跟隨顧心懌外出，到了午飯時間，本以為能夠陪同這位赫赫有名的院士享用一頓大餐。誰知顧心懌卻帶他去了一間路邊小店，一人點了一碗麵條便簡單地解決了午飯。據司機回憶，他多次陪同領導、專家出行，還是頭一次遇到如此儉省的情況。

「自修之道，莫難於養心，養心之難，又在慎獨。」顧心懌常常

回想發揮童年時期父親為了節約公車費選擇步行回家的情形，後來經濟條件越來越好，他便愈發珍惜來之不易的幸福生活。因此，因公外出時，他往往是能乘公交便不會乘出租，能坐火車便不會坐飛機。由於經常要前往北京出差，單位計劃給顧心懌安排專車接送，而他通常會堅持乘坐長途公車赴京。他算過一筆經濟帳，從東營去北京乘坐公車和專車耗時差別不大，但是專車花費約 500 元，而乘坐公車只要 100 多元就夠了。

1993 年中秋節前夕，在山東臨朐石油機械廠現場指導工作的顧心懌準備回家過節。機械廠領導準備派車送行。顧心懌聽說後，擔心給廠裡添麻煩，也擔心廠方會給他準備節日禮品，於是提前一天招呼也沒打便悄悄乘坐長途巴士返回東營。當機械廠領導四處尋找他時，才透過電話連繫得知顧心懌已經回到家中了。

即便在當選院士後，顧心懌仍沒有改變為單位節省差旅支出的習慣。他出差時不坐頭等艙、一等座，不住套房，堅持乘坐經濟艙、二等座，住賓館單間。他認為油田儘管家大業大，但人工開銷方面依然面臨很大的壓力，自己作為一名共產黨員，應該帶頭勤儉節約，在同事之間樹立良好的榜樣。何況，在經濟艙、二等座上，自己同樣可以開展各類工作，並沒有因此耽誤時間。

顧心懌想方設法為單位節省成本的事跡不勝枚舉，成就、地位都不曾改變他勤儉節約的生活作風，而他也恰恰是在這種極簡的生活方式中，獲得了滋養與幸福。

科技成就的取得給顧心懌帶來了遠多於從前的機會，很多企業紛紛向他拋來橄欖枝。

20 世紀 80 年代，顧心懌在一次赴美考察期間，遇到一位十分欣賞他傑出專業才能的美國朋友。他建議顧心懌留在美國公司工作，每年可以獲得 10 萬美元的豐厚報酬。相比於當時顧心懌在國內的收入，10 萬美元無疑是一個天文數位，然而這位美國朋友卻低估了顧心懌的價值觀。面臨巨大的利益誘惑，他沒有絲毫動搖，始終

堅守為祖國石油行業開展科技創新工作的信念。而這份信念，足以使顧心懌抵擋任何誘惑。

在國內項目的利益分配方面，顧心懌也有自己的原則。他經常對身邊的人說：「我們不要一味看重個人利益，更要注重精神的培養。當年華北地區從華一井堅持勘探至華八井才終於見到工業油流，靠得不就是艱苦奮鬥、不折不撓的奮鬥精神嗎？這種精神是在任何時候都不會過時的。」在成功研發鏈條式抽油機後，國家給他發放了5000元獎金，顧心懌作為項目的第一完成人，僅給自己留下了270元，其餘的都分發給了其他參與研發工作的成員。此事之後，大家都對他心生欽佩。

後來成為院士後，有些私營企業負責人連繫到顧心懌，邀請他開展一些小的技術發明，把發明成果轉讓給他們後再銷往油田，並承諾給予顧心懌高額的報酬。這些邀請都被顧心懌一一婉拒了。

久而久之，大家都知道顧心懌為人剛正不阿，從不怕得罪人。有非分之想的人便逐漸少了許多。顧心懌的高風亮節也絕非徒有其名，他不但淡泊名利，在個人與集體利益發生衝突時，也往往會選擇為集體著想、服從單位安排，時時刻刻展現出一名共產黨員的無私情操和高尚品格。

20世紀八九十年代，隨著住宅建設速度的加快，油田開始逐年為職工改善居住條件。許多二級單位根據實際情況，採取「以小換大、以高換低、以平房換樓房」等方式為職工解決住房問題。顧心懌所在的鑽井工藝研究院組織分房時，屢次面臨房源不足而職工人數過多的矛盾。儘管顧心懌也渴望讓家人住進更好的房子，但是他從未因自己的成就、職務而向組織爭取更好的住房條件，反而有幾次主動將換房機會讓給了需求更迫切的其他同事。

他常常提發揮油田還有許多生活困難的職工，認為「他們的生活遠比自己艱難得多」。因此，他數次將自己獲得的項目獎金、攢下的積蓄捐給油田困難職工、國家希望工程。他曾說：「我並非不

在意名利，但是相比於功名利祿，我更在意自己的名譽，希望自己
能做一個好人、一名合格的共產黨員。」他始終牢記共產黨員的擔當
與使命，克己奉公，艱苦奮鬥，無私奉獻，為國家石油事業奉獻
終身。

第十七章

家的闡釋

1988 年 8 月，正值「勝利二號」製造的關鍵時刻，顧心懌突然收到妹妹從上海寄來的信。信中寫到，他們 80 歲的父親因照顧長年患病在床的老母親，累得病倒了，讓顧心懌儘快回上海看望老人，以盡孝道。讀完信後，顧心懌內心感到十分矛盾：回上海吧，眼下「勝利二號」正處在項目調適的緊要關頭，作為總設計負責人，倘若在此時離開，整體工程進度勢必受到嚴重影響；倘若不回，父親病重，自己又如何對得發揮雙親的養育之恩？這些年顧心懌奔波在外，深知家中弟妹的辛苦付出，如今父母正是需求照顧之時，自己卻遠在他鄉，這令他深感愧疚和自責。

反覆權衡之後，顧心懌十分艱難地做出了決定：先加快完成目前急迫的生產指導工作，之後再回上海看望父母。鑽井工藝研究院的領導很快得知了顧心懌家中的情況，他們十分理解顧心懌的複雜心情。為幫他解決後顧之憂，院領導安排兩名職工趕赴上海，代替顧心懌探望兩位老人，並幫助他們解決了一些生活困難。顧心懌因此愈發專注地投入到「勝利二號」的建造工作中。

其實，顧心懌何嘗不想報答父母的養育之恩。自十多歲赴北京求學以來，他雖少有機會再回家鄉，但心中對於家中親人的牽掛卻不曾消減。工作以後，他每月將至少一半的工資寄給父母和岳父母，僅留少量的錢作為自己和妻子、兒女的生活用度。早些年，經常遇到家中口糧不足的情況，他和妻子不得不向鄰居借錢度日。20 世紀 90 年代初期，顧心懌終於分到了比從前寬敞一些的住房，他便先後將岳父母、父母接到東營的家中悉心照顧。

父親顧鏡詩晚年因患腦積水住院，顧心懌便及時調整好工作安排，請假趕回上海，在醫院忙前忙後，每日發揮早貪黑地照顧老人。他恪盡孝道、無微不至，陪父親走過了生命的最後一程。母親錢汝華晚年同樣疾病纏身，意識時而清醒、時而模糊，躺在病床上不吃不喝。顧心懌得知母親病重的消息後，第一時間協調好工作進度，心急火燎地趕回母親身邊，精心照料生活發揮居。母親臨終前

連續昏迷一天一夜，待意識稍微清醒後，顧心懌僅僅握住母親的手，在她耳邊輕輕地說：「媽，這些年來，我一直都按您的要求去做事。對得發揮自己，也對得發揮油田。」彌留之際的母親聽後沒有說話，默默地流下了眼淚。

數十年來，顧心懌始終在盡力尋求事業與家庭之間的平衡。但每每遇到二者發生衝突的時候，他大多會選擇優先處理好工作中的事務。因為在他心中，對國家、對油田忠誠，才是對父母最大的孝順。

在勝利油田工作的幾十年裡，顧心懌幾乎沒有正式休過假期，也難得有時間陪伴妻子和孩子。他時常感到對家人有些虧欠。

有一次，妻子李巧雲結石病復發，疼得幾次休克。然而顧心懌參與指導的一個項目正處於施工的關鍵環節，許多技術問題需求他在現場親自協調解決，分身乏術的他不得不將妻子送到醫院後，請親戚幫忙照顧，自己懷著對妻子的滿心愧疚匆匆趕回作業現場。

對於子女，顧心懌也時常感到有所虧欠。大女兒顧秋紅、大兒子顧小勇都出生於 20 世紀 60 年代，年幼時便經歷了三年困難時期和「文化大革命」，當時家庭條件十分艱苦，而顧心懌又因為在外地忙於工作，不能時常陪伴在他們身邊，他們的童年生活經歷了許多艱辛。在顧小勇的記憶中，小時候的自己很少有機會與父親單獨交流，不是自己不想和父親交流，而是父親在家中的時間實在少得可憐。顧小勇記得，每天早上自己去上學時父親已經上班去了，晚上放學回家，寫完作業、吃完飯，直到準備睡覺時父親還常常沒有回家。

在顧小勇的印象中，父親唯一一次參加自己的家長會是三年級的期末。這一天，顧心懌早早地來到教室，為能夠聽清楚老師講的內容，他專門挑選了靠前的位置坐下。待老師公布學生成績時，顧心懌才知道兒子學習成績非常不理想，是全班倒數第五名。顧心懌感到很羞愧，便悄悄把座位換到了後排。顧小勇看到這一幕，腦袋

一下子耷拉下來，感到無地自容。回到家中，顧小勇原以為父親會生氣地責罵他，然而當他戰戰兢兢地站在父親面前準備接受訓斥時，不想顧心怪卻心平氣和地對他說：「學習成績下滑了這麼多，除了你自己貪玩、不用功的原因外，我也有責任，工作太忙，沒有盡到父親的職責。」聽到父親這樣說，顧小勇感到愈發慚愧了。後來，顧心怪又繼續鼓勵他，要在學習中投入更多的精力，只有足夠勤奮、努力，才能換取理想的學習成績。聽罷父親的教導後，顧小勇知恥而後勇，學習越來越勤奮，在後來的一個學期裡，他透過不懈的努力，取得了全班前幾名的好成績。

1984 年 6 月，顧小勇參加高考的前幾天，平時難得能和兒子一發揮在家吃飯的顧心怪專程煮了一碗荷包蛋，他將這碗荷包蛋端給正在刻苦複習功課的顧小勇，耐心地囑咐兒子要勞逸結合，考前不要有太大壓力。由於整日忙於工作的顧心怪極少有時間做飯，看到父親為自己端來的這碗荷包蛋，那一刻，顧小勇的眼睛濕潤了，第一次感受到這份濃濃的父愛。後來，顧小勇沒有辜負父母的期待，順利考上西北大學物理系。

雖然對子女愛得深沉，但顧心怪並沒有因此放棄自己的處事原則。顧小勇臨近大學畢業時，勝利油田因顧心怪的突出貢獻，提出要對顧小勇的工作「特別照顧」。一向公私分明的顧心怪放棄了這一優待，要求兒子根據單位需求分配到了專業對口的工作崗位上。後來，隨著所取得成就的不斷積累，顧心怪面臨的誘惑越來越多。在一次國外工程驗收時，一位美國公司的經理對顧心怪說：「顧先生，把你的兒子送到美國來吧！我的父親是美國的大學教授，可以幫你的兒子連繫上學的事情，我也可以為他來美國提供擔保。這對於你兒子的日後發展是一個很好的選擇。」彼時，美國教育資源優勢突出，很多年輕人為能前去留學費盡心思。有人主動提出幫助子女赴美留學，這對於很多人而言是求之不得的機會。而顧心怪卻微笑著對這位美國經理說：「讓孩子出國留學，開闊眼界、增長才幹，這

當然是好事。」他看到這位經理露出期待的表情，卻話鋒一轉繼續說道，「不過謝謝先生的美意，還是讓我的兒子依靠自己的努力來爭取機會吧。」這位經理聽後一臉茫然，表示難以理解。他無法理解，顧心懌之所以拒絕他的邀請，是因為不想因個人私事拾人牙慧，以致在日後的公務合作中受到對方牽制，作出有損國家利益的事情。

貪慾之閘一旦打開，難免會永無止境。面對外界的種種誘惑，顧心懌知道，唯有穩得住心、沉得住氣，才能心不妄動、行不踰矩。

顧心懌用自己的實際行動影響著家人。妻子和子女對於他為人處世的方式都十分理解，也支持他在事業中的投入和付出。數十年來，無論是子女結婚，還是父母離世，家人總是按照顧心懌要求的那樣，各類儀式一切從簡。他們不曾發出過一份請柬，也沒有收取同事們的一份禮金，更不曾設宴招待。正因為此，勝利油田的廣大職工對於顧心懌大都十分欽佩，不僅欽佩他在科技創新領域取得的一項項突出成就，更欽佩他的正直、勤勉，以及他嚴格的自我要求。

工作閒暇，顧心懌不喜歡打牌、下棋，唯一的愛好就是唱歌。在許多人的刻板印象中，整天與冷冰冰的機器打交道的科技工作者應該是一副板著面孔、眉頭緊鎖、冥思苦想的形象。然而，真正接觸過顧心懌的人，大都能感受到他身上散發出的優雅的學者氣質。他熱愛生活，喜歡親近大自然，時常用歌聲表達對生命的熱愛。每當顧心懌放聲歌唱時，都在用心抒發著自己的情懷，他的熱情也時常感染著周圍的同事、朋友們。

受小時候母親的影響，顧心懌也喜歡在家中唱歌。他擁有深沉而富有磁性的男中音，唱發揮歌來字正腔圓、極富感染力，常常讓家人沉醉其中。他喜歡唱《太行山上》等愛國歌曲，也喜歡唱《三套車》《莫斯科郊外的晚上》《山楂樹》等蘇聯歌曲；獨自一人時，他還喜歡坐在窗前哼唱一曲《夜朦朧月朦朧》，感受寧靜夜晚的詩情畫

意；兒孫歡聚時，他有時還會與大家一發揮唱發揮流行歌曲《套馬桿》——歡快的歌聲在房間中迴旋，一家人愉快地享受其樂融融的幸福時光。

顧心懌十分疼愛的孫子顧浩緣與他同一天生日。幼年時期的小浩緣同顧心懌一樣，喜愛唱歌，也喜愛機械技術。天資過人的顧浩緣在爺爺的影響下，不但學習成績優秀，還立志深耕工學領域。長大後，他順利考取了上海交通大學，並被海洋工程專業錄取。

科學與藝術彷彿顧心懌人生的兩翼，使他的生命更加充實而富有詩意。他說：「歌曲的旋律是非常奇妙的，它會使人情不自禁地投入其中，忘記煩惱。」在思考科學研究問題時，顧心懌也時常不由自主地哼發揮曲子，手指輕輕打著拍子，進入非常鬆弛的狀態，很多科學研究靈感便是在這樣的狀態下產生的。

如此看來，科學與藝術有相得益彰之妙。當一個人持久地專注於某一問題，百思不得其解時，不妨透過音樂稍稍轉移注意力，放鬆身心，或許就能夠「柳暗花明又一村」了。

第十八章

桃李不言

時過境遷，勝利油田在經歷了數次採油技術變革後，科技創新綜合實力得到快速發展。自華八井發現至今，在昔日荒郊野外的鹽鹼灘上，東營逐漸發展成為集科技、經濟、教育、文化、醫療、商貿為一體的現代化新型石油特色城市。勝利油田六十餘年的發展，為中國能源安全和經濟建設做出了重要貢獻，這是幾代石油人艱苦創業、默默奉獻的結果，離不開科技創新強有力的支撐。

科技的發展離不開人才的培養，企業只有擁有高端科技人才隊伍，才能實現可持續的發展。勝利油田進入開發中後期後，含水率越來越高，穩產難度越來越大。為此，油田堅持實施「科技興油」策略，積極推動技術創新。在這一過程中，勝利油田一大批資深石油科技工作者不但在科學研究創新中發揮了中流砥柱作用，還甘為人梯，在培養後備科技人才隊伍方面做出了突出貢獻。

勝利油田積極開展「導師帶徒」活動，旨在從各個領域持續培養青年技術精英和能工巧匠。2009 年 12 月 8 日，油田隆重舉行第三屆「名師帶高徒」活動簽約儀式。該活動是勝利油田實施技術大傳承、力量大融合、科技大推進的有力舉措，旨在透過資深專家的「傳幫帶」，繼續為勝利油田培養優秀科技人才，增強油田可持續發展的科技後勁。勝利油田在全企業內聘請了十位曾取得突出成就的頂尖行業專家作為導師，他們都是油田各領域的領軍人物，年過七旬的顧心懌位列其中。這並非顧心懌第一次參與「師帶徒」活動，此前，他已經為勝利油田培養了三批共九位優秀的基層科學研究人才。此次，顧心懌作為導師代表在活動中作表態發言，他嗓音洪亮地表達了自己的肺腑之聲。在認真總結分析勝利油田技術發展現狀後，顧心懌繼續對在場的年輕技術人員說道：「學習知識固然重要，但掌握解決問題的正確方法更為重要。年輕技術人員要始終保持虛心學習的態度，做人做事表裡如一，有持之以恆的毅力、良好的團隊協作精神，才能將所掌握的技術應用到生產實踐中，推動油田的進步與發展。」

在勝利油田科學研究領域工作了數十年，顧心懌對於油田的人才儲備狀況十分熟悉。到了晚年，他一直致力於為企業培養更多具有突出科技創新能力的高端人才。他在「師帶徒」活動中培養的年輕人，原本就是從油田基層精心挑選的技術骨幹，在顧心懌的言傳身教和悉心指導下，他們後來大都成長為所在單位的科技領軍人物。

臨盤採油廠工藝研究所高級工程師李淑芳曾是顧心懌的第五批簽約弟子。當時，李淑芳在專業領域已經小有名氣，擁有多項技術成果，但是，能成為顧院士的學生，還是令她激動不已。在「師帶徒」活動之前，李淑芳便十分景仰這位中國工程院院士，雖然渴望得到他的指導，但這對她而言似乎是遙不可及的奢望。直到成為顧心懌的學生後，她才發現原來導師是如此的待人謙和、循循善誘，言談舉止間有著父輩的慈祥，因此愈發對顧院士深感欽佩。李淑芳在過去潛心鑽研生產技術的過程中，曾遇到不少懸而未決的問題，如今拜師後終於有機會向顧心懌請教，她不願意放棄任何一次與導師見面的機會。

2010 年，李淑芳負責的「全方位長井段機械刮蠟器」項目推進過程中遇到阻力，顧心懌在了解了具體情況後，提出了兩項重點建議：「刮蠟器倒角要大；收集應用井應用前後的示功圖資料，比較前後載荷和圖形位置的變化。」根據導師的建議，李淑芳耐心地對長井段機械刮蠟器結構進行了改進，採取了測試和有限元模擬措施，果然取得了突破性進展。最終，該項目順利完成，主要成果成為油田結蠟油井低成本、環保治理過程中的規模應用產品，得到用戶的普遍好評。

李淑芳在學習中善於舉一反三，顧心懌提出的指導建議她一點就通，並且善於將從導師那裡學到的經驗、技術與自己的實際工作結合發揮來，攻克了生產實踐中的多項技術難題，先後有多項技術革新成果在生產應用中取得了顯著的經濟效益。李淑芳也因此成長為油田青年技術專家、勝利油田勞動模範。

在後來開展的「科技手拉手」活動中，李淑芳又以老師的身分再帶弟子，培養出了一批優秀的技術青年。她始終銘記導師顧心懌對自己的指導和啟發，自己成為青年導師後，時時處處以顧心懌為榜樣，專業技術傾囊相授，熱心幫助採油廠新生技術骨幹。

「桃李不言，下自成蹊」，顧心懌嚴謹的科學研究作風、因材施教的教學理念、謙虛謹慎的處事態度無不影響著他的弟子們。大家也都對他特別敬重。作為勝利油田的一名資深技術導師，顧心懌不僅傳授弟子們系統的學習方法，還非常注重拓展他們的創新思路。每月一次的師徒見面會上，顧心懌都會熱心地詢問每位弟子工作中遇到的棘手問題，他充分發揮自己在科技領域經驗豐富、站位高的優勢，幫助弟子們打開思路，抓住本質分析問題、探尋解決思路。據他的弟子們回憶，顧心懌十分謙虛低調，經常對大家說：「油田各個技術領域差別很大，術業有專攻，很多方面我沒有你們專業，僅能談一點個人看法，供你們參考。」然而事實上，每次交流過程中，他都能給大家帶來新的認識和思維方法。對於培養方案中確定的重點研究課題，顧心懌總是非常認真負責地跟進弟子們的研究進度，提供學術指導。他還經常將自己開展的科學研究攻關項目，毫無保留地分享出來，供大家探討、學習，有時，還會親自帶領弟子們赴生產現場參觀、實踐。近距離親身觀察院士的科技成果研發進程，不但使大家學到了更多知識和技能，並且愈發感受到了顧心懌矢志不渝的創新創造精神。

東辛採油廠的馬來增也曾是顧心懌透過「名師帶高徒」活動培養的技術人才之一。培養期間，他正在攻讀在職博士學位，每當有師徒交流的機會，他都非常珍惜，見縫插針地向顧心懌請教問題。在馬來增進行「玻璃鋼管採油試驗」課題研究期間，遇到了一個百思不得其解的技術難點，這令他如坐針氈，食不甘味。由於馬來增的工作單位離顧心懌不遠，因此，他想去導師那裡請教一下。但是考慮到院士平日工作繁忙，他擔心貿然前往會打擾導師工作，於是決定

先打個電話徵求一下導師的意見。令馬來增沒有想到的是，顧心懌非常爽快地答應了他的請求，熱情地邀請他前去共同探討問題。馬來增連忙趕到顧心懌的辦公室。經過一番研究後，顧心懌耐心地告訴他如何加強玻璃鋼油管強度，從加碳纖維複合材料，到纏繞角度，給予了詳細、具體的指導意見，令馬來增茅塞頓開。

後來的一天，馬來增聽說導師因身體不適在青島療養院療養，得知這一消息後他十分著急，於是，與顧心懌的祕書取得連繫，準備前往青島探望。沒想到顧心懌得知這一消息後很快做出回覆：「沒事，不用來看，有時間我們再好好聊工作。你們在技術領域取得進步，就是對我最大的回報。」這令馬來增不禁動容，自此更加勤奮努力地工作，刻苦開展技術研究，力爭取得更多科學研究成果，以報答導師的知遇之恩。後來，馬來增不僅圓滿完成了顧心懌制定的培養計劃，還在實際工作中針對玻璃鋼管絲扣強度低，現場應用過程中管柱蠕動易造成絲扣失效的問題，在顧心懌的指導下，對扣型、絲扣材料添加劑進行了優化改進，從而大幅提高了絲扣的抗滑性能和負載能力。後來，馬來增取得的科學研究成果越來越豐富，並因此獲得了多項榮譽。

顧心懌就是這樣耐心地幫助著一批又一批年輕的技術骨幹。他說，每當看到這一張張年輕的面孔，總會不禁回憶發揮曾經的自己，那時候，自己也是這般求知若渴，希望在關鍵時刻能夠得到前輩的點撥和指導。時光匆匆流逝，自己一路摸爬滾打走來，遇到許多困境，也得到過許多幫助，如今，面對這些年輕一代的科技人員，他們是油田的未來，自己沒有理由不盡力幫助他們。在顧心懌無私的帶動下，越來越多年輕科技人員在勝利油田嶄露頭角。他先後為勝利油田培養了六位博士、一位碩士，以及多位技術骨幹。

在企業之外，顧心懌還先後被中國海洋大學、天津大學、大連理工大學、中國石油大學（華東）、濟南大學等高等院校聘為兼職教授、兼職博士生導師，並被聘為上海交通大學海洋工程國家重點實

驗室學術委員會委員。即便日常工作已經非常忙碌，但每次到高校授課前，顧心懌都專門抽出時間準備授課內容、製作課件，即便是義務講學，他也不曾有一絲應付。顧心懌授課內容豐富、深入淺出，得到高校師生的廣泛好評，經常在他講課結束後，大家還圍著他請教科學研究問題。每每此時，顧心懌便會知無不言地認真解答。他襟懷坦蕩、精益求精的治學品質，深受大家的愛戴和尊崇。

在他看來，在高校講課有助於將自己在實踐中積累的經驗與先進理論深度融合，對於推動科學研究創新發展，培養年輕的優秀科學研究人才具有重要意義，而這恰恰是他在晚年的工作中最為關注的。

顧心懌就是這樣將一生奉獻給了祖國石油科技事業，不僅為勝利油田創造了巨大的物質財富，更以其嚴謹、務實的科學精神影響和帶動了一大批年輕的科技工作者。

第十九章

本色不改

年年春華秋實，歲月寂靜無聲，誰也無法阻擋時光的腳步。2018 年 9 月，年過八旬的顧心怪正式退休。然而這對於他而言，只不過是一種形式的變化，對於科學研究工作的熱情未曾有絲毫消減。單位領導考慮到顧心怪的辦公室中還保存著他時常要查閱的大量資料，為了給他提供一個安靜的辦公環境，便專門給退休後的顧心怪預留了一間辦公室。只要沒有特殊情況，顧心怪每天都會去辦公室查閱資料、繪製圖紙，繼續著自己的科技研發工作。辦公室裡偶爾還會響發揮一些技術求援的電話鈴聲，他依然忙忙碌碌，全然不像一位退休的老人。

　　始終保持科學而規律的生活、工作狀態，讓顧心怪看發揮來比同齡人年輕許多，他的臉龐始終顯露出快樂、健康的光澤。

　　八十歲高齡的顧心怪依然保持熱愛科學研究的本色不改，他沒有滿足於已經取得的科技成果，而是繼續不斷挑戰極限，超越自我，在科技創新的征途中，嘔心瀝血、劈波斬浪，不斷跨越新的高峰。

　　針對西北地區深井採油的技術需求，顧心怪著手研製大功率齒條抽油機設備。對他而言，這是極富挑戰性的一次嘗試。為了開展好現場應用試驗，獲取一手資料，八十歲高齡的顧心怪堅持一次次往返於東營與新疆之間。根據航空公司規定，高齡乘客需出具醫院和單位的相關證明後方可購買機票，顧心怪不想給單位添麻煩，便改乘火車，一路顛簸四千多公里才能到達目的地，其中的辛苦可想而知。有時候，為了持續觀察油井參數變化，他要在油田現場住一兩個月。大漠風沙瀰漫，氣候異常炎熱，而顧心怪卻時常為了測試設備運轉情況而忘記了身體的勞累。

　　大功率齒條抽油機的研製，解決了大泵提液問題，使油水快速提出，有效提升了設備工作效率，降低了原油生產成本，在應對低油價的過程中發揮了顯著的技術優勢，在油氣勘探開發領域具有廣闊的應用前景。正是顧心怪無論在如何艱苦的自然環境和工作條件

下，都能堅持獨立思考、積極探索的精神，為一項項創新技術的發明打下了堅實的基礎，也展現了他作為一名科級工作者積極探索與創新的本色。

隨著年歲逐漸增長，顧心懌時常回憶發揮自己在京求學的經歷，不禁懷念那段艱苦而催人奮進的青蔥歲月。2006年，他和十餘位昔日的老同學相約北京，共同度過了一次感念昔日校園生活的懷舊之旅。

當十幾位滿頭華髮的老人欣喜地相聚北京時，他們的興奮之情難以言表。一路找到當年上學的地址後，眼前的環境已經變化得讓他們認不出來了——五十年過去了，這裡的變化實在太大，曾經「中央人民政府燃料工業部俄干學校」的牌子如今已換為中國傳媒大學的名牌。他們四顧茫然，徘徊在學校門口，遲遲不敢跨進大門。

學校門衛看到門前這些年邁的老人後感到奇怪，待上前問明情況後，馬上請示了學校領導。校領導得知他們的情況後，非常熱情地接待了他們，親自帶領他們參觀校園，並詳細介紹了學校數十年來的建設和發展情況。雖然學校早已沒有了往日的模樣，所設專業也發生了很大的變化，但顧心懌仍在草木之間感受到了往日的氣息。這裡的每一顆大樹，都曾為他們遮風擋雨；這裡的每一寸土地，都曾留下他們的青春足跡。他彷彿還能依稀聽見當年同學們的琅琅讀書聲，看到彼此當初青澀的模樣，以及在學校走廊上一遍遍背誦俄語單詞的場景……曾經，學校培養了他們，數十年來，他們也在各自的工作崗位上無愧無悔地回饋了社會。

一滴水，只有匯入大海中，才能激發揮驚人的浪花；一個人，只有投入偉大的事業中，才能創造出崇高的價值。這是顧心懌始終篤信的信條。他認為，個人的力量是有限的，自己一路走來取得的每一項科技成果，都離不開領導的支持，離不開團隊成員的密切合作。

年輕時，顧心懌曾許下不會離開勝利油田的諾言，幾十年白駒

過隙，無論歲月如何變遷，他始終信守承諾。或許，兒時母親講給他的關於誠信的故事早已烙進生命深處。春華秋實，歲月更替，他始終不曾辜負腳下勝利油田的這片土地。深耕於斯，他為勝利油田創造了顯著的經濟效益，為社會創造了令人矚目的科技成果，為國家能源建設做出了卓越的貢獻。

夜深人靜之時，顧心怿時常抬頭望向窗外，夜晚的天空中滿天繁星，晚風習習，沁人心脾。回憶發揮這一生走過的漫長而艱辛的求索之路，無論崎嶇坎坷，還是春風得意，在人生關鍵的幾個轉折點，他都堅定地選擇了自己的方向，一步一個腳印扎扎實實地走了下去，終於堂堂正正地走出了屬於自己，同時也屬於油田科技創新的康莊大道。

黃河口的風，似乎也沒有從前那麼大了。日漸豐富的植被將東營這座石油城市裝點得搖曳多姿。寬闊的街道兩旁，花團錦簇，綠樹成蔭。眼前的東營已全然不見昔日鹽鹼灘上荒涼之地的痕跡。顧心怿從家中走向辦公室的途中，時常會放緩腳步，抬頭望一望前方，路邊矗立的宣傳語顯得特別醒目：從創業走向創新，從勝利走向勝利。每每此時，便有一股暖流湧上心頭。

附錄一　顧心懌大事年表

1937 年 1 月 23 日，生於上海市。

1947—1950 年，就讀於上海市敬業中學。

1950—1953 年，就讀於上海中華職業學校石油機械科。

1953—1956 年 8 月，就讀於燃料工業部俄干學校俄語專修科。

1955 年，加入中國共產黨。

1956 年 8 月—1957 年 8 月，於玉門油田及華北石油勘探處任蘇聯專家翻譯。

1957 年 8 月—1961 年 2 月，於華北石油勘探處及勘探處機修廠任機械技術員，同時就讀於山東工學院夜大機械製造專業。

1961 年 2 月—1964 年 9 月，任東營試采指揮部機廠技術組組長。其間，設計出簡易取芯工具。

1964 年 3 月，晉升為機械工程師。

1964 年 9 月—1965 年 9 月，任勝利油田試采指揮部機動組組長。

1966 年 10 月—1972 年 3 月，任勝利油田採油指揮部攻關隊隊長、生產組副組長。

1969 年，參與中國專家小組應邀技術援助阿爾巴尼亞，完成了大直逕取芯工具的國際合作研發任務。

1972 年 3 月—1973 年 6 月，於勝利油田科技處負責科學研究及情報管理工作。

自 1973 年 6 月發揮，先後任勝利油田勘探開發工藝研究所（後改為鑽井工藝研究院）礦機研究室主任、副所長、副院長、總工程

師等職務。期間，任第九屆全國政協委員會委員。

1975 年，全面完成鏈條式抽油機的設計研發工作。

1978 年，作為主要負責人研製的「勝利一號」淺海坐底式鑽井平台建成下水。

1982 年 7 月，晉升為高級工程師。

1984 年，赴日本、美國考察學習。

1985 年，赴義大利參與購買「勝利四號」海上鑽井平台。

1988 年，作為主要負責人研製的「勝利二號」海上鑽井平台建成下水。

1988 年，作為黨員代表參加中國共產黨山東省第五次代表大會。

1989 年，赴美國考察學習，開展技術交流。

1989 年 9 月，晉升為教授級高級工程師。

1995 年 5 月，當選為中國工程院院士。

1996 年，參加中央組織部舉辦的全國優秀技術專家及黨員學習培訓班。

1998 年，作為黨員代表參加中國共產黨山東省第七次代表大會。

1998 年，當選為中國人民政治協商會議第九屆全國委員會委員。

2003 年，當選為中國人民政治協商會議第十屆全國委員會委員。

2006 年 8 月，任勝利油田首席高級專家。

2018 年 9 月，退休。

附錄二　顧心懌所獲主要榮譽

1959 年，被評為「山東省青年社會主義建設積極分子」。

1962 年，被評為「華東石油勘探局先進工作者」。

1962 年，被評為「上海市工業先進工作者」。

1963－1966 年，被評為「東營會戰指揮部勞動模範」。

1978－2005 年，先後被評為勝利油田勞動模範、特等勞動模範、雙文明標兵等。

1978 年，獲得全國科學大會獎。

1980 年，獲得國家發明獎二等獎。

1984 年，被評為「山東省勞動模範」。

1985 年，獲得全國「五一」勞動獎章(第一批)。

1987 年，獲得國家科技進步獎三等獎。

1988 年，被評為「國家中青年科技專家」。

1989 年，被評為「全國勞動模範」。

1990 年，獲得第二屆國際專利及新技術新產品展覽會金獎。

1991 年，獲得中國專利獎金獎。

1991 年，獲得國務院頒發的政府特殊津貼。

1991 年，被評為「石油工業突出貢獻科技專家」。

1993 年，被評為中國石油天然氣總公司「突出貢獻科技工作者」。

1994 年，被評為「石油工業特等勞動模範」。

1995 年，獲得中國專利獎金獎。

1995 年，被評為中國石油天然氣總公司「傑出科技工作者」。

1996 年，獲得國家發明獎二等獎。

1996 年，被評選為全國重點宣傳的堅持和工人、和生產實踐相結合，把科技成果轉化為現實生產力的十名優秀科技工作者之一。

1999 年，獲得何梁何利基金技術科學獎。

2003 年，獲得山東省科學技術最高獎。

1999—2005 年，連續 7 年被評為勝利油田「優秀共產黨員」。

1991—2004 年，連續 14 年被評為山東省「優秀共產黨員」。

2004 年，獲得國家發明獎二等獎。

2004 年，被評為山東省「共產黨員標兵」。

2006 年，被評為中國石化「優秀共產黨員」。

2008 年，被評為勝利油田「優秀博士後導師」。

附錄三　顧心懌主要學術代表作目錄

序號	題目	出處	發表時間(年)
1	鏈條抽油機的試驗和研究	【中國會議】中國石油學會採油工藝技術座談會	1981
2	既要學更要創——對發展我國石油鑽采機械合理途徑的點滴看法	【期刊】石油鑽采機械	1982
3	關於淺海海灘裝備研製工作的一些看法	【中國會議】中國石油和石油設備研究會年會	1987
4	我國現有坐式鑽井船的設計特點及其在淺海作業的適應性	【期刊】中國海洋平台	1988
5	勝利油田極淺海石油勘探開發與海洋平台	【期刊】中國海洋平台	1989
6	「勝利二號」鑽井平台從設想到實現	【期刊】中國海洋平台	1989
7	「勝利二號」鑽井平台的總體設計與性能研究	【期刊】海洋工程	1990
8	我國潮灘區油氣資源開發的若干問題	【期刊】中國海洋平台	1990
9	走又紅又專的道路	【期刊】科學社會主義	1992
10	「勝利二號」步行坐底式鑽井平台	【期刊】中國海洋平台	1994
11	「勝利二號」步行坐底式鑽井平台	【中國會議】全國海洋工程會議	1994
12	The Bottom Supported Walking Drilling Rig	【國際會議】國際海洋技術會議	1994

序號	題目	出處	發表時間(年)
13	液壓蓄能修井機－－更新換代的一種	【中國會議】石油科技訊息交流會	1995
14	勝利油田石油生產和節能工作	【中國會議】上海科學院節能交流會	1997
15	用有限差分法計算變截面橫向受載的樁身位移和內力	【期刊】中國海洋平台	1997
16	工程師應具備的素質	【期刊】中國工程師	1997
17	坐底式裝置的抗滑性	【中國會議】全國海洋工程學會、全國造船工程學會年會	1998
18	海上鋼筋混凝土先導試驗平台的研究設計	【中國會議】中國石油石化工程研究會華東研究中心第一屆年會	1998
19	渤海灣極淺海運輸駁船和推進系統中意聯合研究和基本設計報告	【專著】中國鑽探科學技術史	1999
20	節能型 XXJ300/500 液壓蓄能修井機	【期刊】石油機械	2001
21	XXJ300/500 液壓蓄能修井機液壓系統設計分析	【期刊】液壓與氣動	2001
22	蓄能器類型及應用綜述	【期刊】機床與液壓	2001
23	XXJ300/500 液壓蓄能修井機管柱發揮升速度特性分析	【期刊】石油大學學報（自然科學版）	2002
24	XXJ300/500 型液壓蓄能修井機管柱發揮升穩態速度分析	【期刊】石油礦場機械	2003
25	具有節能和環保優勢的液壓蓄能修井機	【期刊】石油機械	2003
26	一種新型液壓蓄能石油鑽機設計	【期刊】天然氣工業	2004

序號	題目	出處	發表時間(年)
27	有桿泵井管桿磨蝕機理及應用研究	【期刊】石油礦場機械	2004
28	油井管桿磨蝕試驗研究	【期刊】青島理工大學學報	2005
29	我的成長經歷與創新之路	【期刊】江蘇工業學院學報(社會科學版)	2008
30	長環形齒條抽油機的研製及應用	【期刊】石油機械	2009
31	石油相伴追夢人	【報紙】經濟日報	2009

中國工程院院士傳記

顧心懌傳

後　　記

　　對於採訪這樣一位高級知識分子、石油領域的科學家，我本心懷忐忑。說實話，從事文字工作這麼多年來，這是我第一次接手如此長篇幅的寫作任務。自己對於這位油田資深技術專家、中國工程院院士的了解，也僅限於透過電視、報刊等部分新聞媒體，了解他與油田鑽井平台的一些關係。我原本就是一個喜歡長話短說的人，之前寫作並發表的單篇作品，最長也不過三萬字，何況這次採寫還會受到許多專業知識的牽制。因此，最初在面對這樣一項重要寫作任務時，我曾對自己能否順利完成產生過懷疑。

　　2016 年 2 月，我在北京開會接受任務回山東後，由於前期工作安排緊張，實際進入採訪階段已經到 7 月份了。面對面接觸顧院士時，他留給我的第一印象是沒想到這樣一位八十多歲的老人依然精神矍鑠，紅光滿面，並且還仍然奉獻在工作崗位上。考慮到院士年事已高，初次見面只短暫交流了兩個多小時，但我依然對他談吐優雅、行事低調的形象印象深刻。當時，顧院士表示不久後要去青島，過一段時間還要到新疆開展一項科學研究試驗，然後去北京參加院士聚會……頻繁的社會活動將他的日程安排得滿滿(的)。

　　交談過程中不難發現，顧院士內心並不樂於為自己樹碑立傳，曾經有出版社想為他出版傳記，都被婉言謝絕了。他認為事業不是哪一個人能做成的，成績不只屬於他一個人。雖然這次採寫是中國石化宣傳工作部安排的任務，有勝利油田相關領導協調，但在前前後後的六七次訪談過程中，還是遇到了一定的困難。有時，顧院士對一些往事閃爍其詞，不太願意談及細節和深度描述，我曾一度進

入採訪盲區。

於是只好從外圍採訪入手。特別要感謝顧心懌院士的祕書高合明，院士的長子顧小勇，勝利油田鑽井工藝研究院原副院長孫東昌及政工幹部李廣軍、潘恩生、張新龍，東辛採油廠劉新路、馬來增，臨盤採油廠李淑芳等同志，他們提供了許多有價值的採訪線索和寫作素材，以及集輸公司崔成同志為院士補拍了照片。還要特別感謝中國工程院趙千、鄭召霞、葛能全、方鶴亭，中國石化出版社宋春則、趙文等同志提出了寶貴的修改意見，否則，要完成這樣一項艱巨的寫作任務，的確不可想像。

我工作在遠離勝利油田東營基地的一隅，到東營往返一趟約400公里的路途。由於自己視力的原因，基本停止了晚間寫作的習慣；除保證日常工作的正常開展外，還得排除瑣碎雜事的干擾；在採訪過程中，需求克服距離上帶來的不便及銜接配合等方面的困難。加之寫作過程中，幾乎要放棄所有文學創作手法，刻意迴避狀物抒情等文學表現形式，以完全寫實的風格來完成這樣一項人物傳記採寫任務，這對我而言，的確是一項前所未有的挑戰。而真正讓我摒棄顧慮的，是顧心懌院士崇高的品德和人格魅力。這份魅力打動了我，感染了我。在與他幾次短暫的接觸過程中，不知不覺被他的科技情懷所感動，對他嚴謹的治學精神和一絲不苟的工作態度深感景仰。顧院士的格局完全是以他樸素的勞作和崇高的事業所塑造。我沒有理由不竭盡所能地呈現顧院士人生的輝煌歷程和高光時刻。

在《顧心懌傳》初稿基本完成時，我先後幾次交給顧院士審閱，他總會字斟句酌地修改，凡與事實有出入的文字，與時間節點不相符的細節，模棱兩可的內容，或稍微誇大了個人作用的描寫，他都要一一刪改。這部傳記本來在 2017 年上半年，已經完成了初稿，之所以延遲至今出版，除了草稿幾經輾轉中國工程院和中國石化出版社審閱，以及近些年顧院士的妻子身患重症住院，他需求照顧病人

而沒有時間和精力審閱稿件外，其餘，就是作者的主觀性原因導致延緩。

　　沒有一個人物的成長，不需求歷史背景作為「襯底」。從顧心怪院士學習成長和創新創造的過程，可以窺見勝利油田勘探建設的發展史。從他在石油科學研究領域的奮鬥史，也可以看到勝利油田科技發展史的縮影。我力圖以這一時間線索為背景，以院士學習成長及重大科技創新成果節點為主線，努力呈現主角的成長髮展脈絡及奮鬥軌跡，展現其在歲月變幻中，所持續迸發出的科技精神，並探究其背後的動因。由於自己掌握的素材所限，功力不濟，或許並沒有達到理想的表現狀態。但相信讀者會理解作者的真誠和良苦用心——以粗淺的文字致敬一位不倦的奮鬥者！

顧心懌傳

作　　　者：沈順萬，周洪成

發 行 人：黃振庭

出 版 者：崧博出版事業有限公司

發 行 者：崧博出版事業有限公司

E-mail：sonbookservice@gmail.com

粉 絲 頁：https://www.facebook.com/
　　　　　sonbookss/

網　　　址：https://sonbook.net/

地　　　址：台北市中正區重慶南路一段六十一號八
　　　　　樓 815 室

Rm. 815, 8F., No.61, Sec. 1, Chongqing S. Rd.,
Zhongzheng Dist., Taipei City 100, Taiwan

電　　　話：(02)2370-3310

傳　　　真：(02)2388-1990

印　　　刷：京峯數位服務有限公司

律師顧問：廣華律師事務所 張珮琦律師

定　　　價：299 元

發行日期：2024 年 03 月第一版

◎本書以 POD 印製

國家圖書館出版品預行編目資料

顧心懌傳 / 沈順萬，周洪成 著 .--
第一版 . -- 臺北市：崧博出版事業
有限公司 , 2024.03
面；　公分
POD 版
ISBN 978-626-363-900-3(平裝)
1.CST: 顧心懌 2.CST: 傳記
782.887　113002385

電子書購買

臉書

爽讀 APP